Guía del profesor

Español ELElab B2
Universidad de Salamanca
Guía del profesor

Emilio Prieto de los Mozos
(director)

Rebeca Delgado Fernández
Daniel Escandell Montiel
Maddalena Ghezzi

EDICIONES UNIVERSIDAD DE SALAMANCA

ESPAÑOL PARA EXTRANJEROS, 10

© de esta edición:
Ediciones Universidad de Salamanca

© de la dirección:
Emilio Prieto de los Mozos

© de sus respectivas aportaciones:
Rebeca Delgado Fernández, Daniel Escandell Montiel, Maddalena Ghezzi

Proyecto financiado por el Ministerio de Educación, Cultura y Deporte
en el marco del Programa Campus de Excelencia Internacional

Diseño de cubierta:
a.f. diseño y comunicación

1ª edición: diciembre, 2013
I.S.B.N.: 978-84-9012-372-0
Depósito legal: S. 578-2013

Ediciones Universidad de Salamanca
www.eusal.es
eusal@usal.es

Diseño, maquetación e ilustración:
a.f. diseño y comunicación / www.afgrafico.com

Impresión y encuadernación:
Gráficas Mundo

Impreso en España-Printed in Spain

Todos los derechos reservados.
Ni la totalidad ni parte de este libro puede reproducirse ni transmitirse
sin permiso escrito de Ediciones Universidad de Salamanca

Ediciones Universidad de Salamanca es miembro
de la Unión de Editoriales Universitarias Españolas
www.une.es

•

CEP. Servicio de Bibliotecas

Texto (visual) : sin mediación

PRIETO DE LOS MOZOS, Emilio

Español ELElab Universidad de Salamanca : B2.
Guía del profesor / Emilio Prieto de los Mozos (director) ;
Rebeca Delgado Fernández, Daniel Escandell Montiel, Maddalena Ghezzi.
—1a. ed.—Salamanca : Ediciones Universidad de Salamanca, 2013

64 p. —(Español para extranjeros ; 10)

1.Español (Lengua)-Estudio y enseñanza.
I. Delgado Fernández, Rebeca. II. Escandell Montiel, Daniel. III. Ghezzi, Maddalena.

811.134.2:37.02

Presentación

Esta es la **Guía del Profesor** de *Español ELElab B2*, en la que encontrarás las soluciones de los ejercicios cerrados (*Soluciones*), un modelo de realización para los más abiertos (*Ejemplo de posible realización*), las sugerencias de explotación (*Explotación didáctica*) y ampliación (*Más ideas*) de cada actividad, según se ha considerado oportuno en cada caso, para aprovechar al máximo el libro del alumno. La **Guía del Profesor** contiene también todas las transcripciones de los vídeos y audiciones del DVD multimedia que acompaña a *Español ELElab B2*.

La **Guía del Profesor** tiene la misma estructura modular que el libro del alumno: *Proyecto, Comprensión lectora, Comprensión auditiva, Formas y recursos lingüísticos, Expresión e interacción orales, Expresión e interacción escritas* y, por último, *Cultura*.

Más ideas sugiere otras formas de aprovechar los ejercicios, aporta consejos para el docente e ideas para desarrollar actividades adicionales en clase.

En *Soluciones* se incluyen las respuestas de los ejercicios más cerrados.

Explotación didáctica incluye sugerencias para llevar a cabo las actividades y da consejos sobre su preparación y sobre los materiales previos que el profesor podría emplear.

En los cuadros de *Transcripción* aparecen las transcripciones de los vídeos y audiciones del DVD multimedia.

Ejemplo de posible realización ofrece una solución de muestra para las actividades abiertas.

Índice

pág.	
11	**Unidad 1** ¿ESTUDIAS O TRABAJAS?
15	**Unidad 2** PRIMERA PLANA
18	**Unidad 3** NO ME SIENTO BIEN...
22	**Unidad 4** HACEMOS LA MALETA
25	**Unidad 5** TODOS A LA MESA
29	**Unidad 6** Y TÚ, ¿DÓNDE VIVES?
35	**Unidad 7** DE TECLA EN TECLA
39	**Unidad 8** LA GRAN PANTALLA
43	**Unidad 9** CON DINERO Y SIN DINERO
47	**Unidad 10** AGENDA CULTURAL
52	**Unidad 11** PINCELADAS
57	**Unidad 12** ¿SALIMOS?

UNIDAD 1 — ¿ESTUDIAS O TRABAJAS?

PROYECTO

Explotación didáctica:
Si no se dispone de ordenadores en el aula, se pueden imprimir y llevar a la clase las fichas de *Biografía, Dossier* y *Pasaporte* del e-PEL (todas o solo las que resulten más útiles) para que los estudiantes puedan llevar a cabo la tarea. El plan de estudios redactado puede ser un instrumento muy útil para la negociación de los contenidos de la programación didáctica. El e-PEL puede ser utilizado como herramienta de autoevaluación constante a lo largo del curso.

COMPRENSIÓN LECTORA

1 | **Más ideas:**
Culturalmente, sería relevante destacar la integración de la mujer en el ámbito laboral con normalidad plena en sociedades como la española.

2 | **Explotación didáctica:**
Podrían prepararse materiales de muestra recurriendo a páginas web o vídeos disponibles en la red para mostrar el formato del programa en caso de que no sea conocido por los estudiantes.

3 | **Ejemplo de posible realización:**
a) La clave es que Supernanny aplica la lógica con los niños.
b) Los padres están influidos por la relación emocional con sus hijos y, por eso, tienen problemas para aplicar la lógica.
c) No, no existen casos difíciles porque todo el mundo puede cambiar.
d) Los adultos atienden más a lo verbal y los niños a los gestos y a las consecuencias de los actos.
e) Algunas veces sí y otras no.

4 | **Soluciones:**
Obedecer: cumplir la voluntad de otra persona.
Reñir: corregir a alguien con rigor o amenazas.
Meter la pata: cometer un error.
Colocar: poner algo en el sitio que le corresponde.
Atender: prestar atención.

5 | **Ejemplo de posible realización:**
Una canguro es una persona, muchas veces una chica joven, que cuida ocasionalmente a niños durante unas pocas horas. Una palabra que tiene un significado parecido es *niñera* (por ejemplo: *La niñera habitual está enferma, así que ha venido otra canguro*).

6 | **Más ideas:**
El texto puede ser trabajado en grupo y se pueden adaptar al tuteo no solo las líneas del entrevistador, sino también las de la entrevistada. Conviene tener muy en cuenta la información de **En contexto**, que puede dar lugar a un breve repaso de las formas de tratamiento en español y su morfología.

8 | **Ejemplo de posible realización:**
Dibujo 1: Seguramente Supernanny le ha explicado al niño la importancia de un entorno ordenado y ha establecido una tabla de rutina diaria para la limpieza de la casa
Dibujo 2: Supernanny le ha explicado a este niño que una alimentación equilibrada y sana es importante y que debe cuidar su dieta.
Dibujo 3: Supernanny le ha enseñado a comportarse educadamente, a estar más tranquilo y a canalizar sus energías para portarse mejor.
Dibujo 4: En este caso, lo más probable es que Supernanny le haya enseñado que las actitudes agresivas son negativas y que para tener una buena relación con sus compañeros debe jugar y practicar deporte con ellos.

COMPRENSIÓN AUDITIVA

1 | **Ejemplo de posible realización:**
1) cartero/a; 2) médica; 3) profesor; 4) fontanero; 5) arquitecto/a.

Explotación didáctica:
Las imágenes facilitan una interpretación libre del empleo de cada personaje, por lo que es especialmente relevante que cada alumno argumente las razones de su elección.

2 | **Ejemplo de posible realización:**
Anuncio 1: Antonio; Anuncio 2: Mario; Anuncio 3: Ana; Anuncio 4: Juan; Anuncio 5: Lourdes.

Explotación didáctica:
La actividad está planteada para favorecer el debate dado que no hay ofertas ni candidatos que coincidan plenamente. Puesto que se trata de encontrar el más conveniente, será importante argumentar en clase

unidad 1

las razones que han motivado las respuestas de los alumnos.

Transcripción:
ANUNCIO 1: Editorial de prensa ubicada en el centro de Barcelona precisa incorporar a su plantilla un responsable de *marketing* para revistas técnicas con experiencia en ventas. Además, gestionará una página web para toda América Latina. Imprescindible buena presencia e idiomas, preferentemente inglés. Teléfono...
ANUNCIO 2: Se necesita representante comercial para revista de ocio en la zona noroeste de Madrid. El trabajo consiste en ofrecer a las empresas de la zona un espacio publicitario en la revista. Código postal...
ANUNCIO 3: Seleccionamos administrativo para sustitución por vacaciones de verano en una escuela infantil. Se requiere experiencia mínima de 2 años en puesto similar. Se valorarán los conocimientos de informática, la habilidad en el manejo de centralita y en la atención al cliente. Contacte por correo electrónico en...
ANUNCIO 4: ¿Quieres trabajar como azafata, relaciones públicas, camarero, ayudante de cocina, técnico de limpieza o técnico de mantenimiento? Puedes hacerlo en cruceros y ganar hasta 3.300 € al mes. Trabajo todo el año. Si quieres más información, contacta con el departamento de recursos humanos en...
ANUNCIO 5: Buscamos un ingeniero mecánico para un importante cliente del sector de la energía. El candidato deberá poseer una experiencia mínima de 3 años en funciones similares y ser capaz de redactar informes técnicos. Indispensable el dominio de francés e inglés. Lugar de trabajo: París. Envíe su currículum por correo electrónico a...

Tarea:
Para la correcta realización de esta tarea es imprescindible aportar ejemplos de ofertas de empleo reales a la clase, tanto a partir de la página web que aparece en el libro del alumno, como mediante recortes de prensa.

FORMAS Y RECURSOS LINGÜÍSTICOS

1 | **Soluciones:**
Las expresiones subrayadas aportan valores de conjetura o duda.

2 | **Ejemplo de posible realización:**
a) ...no mirara el móvil en todo el día. Ya sabes que es muy despistada.
b) ...se ha puesto malo.
c) ...estén con sus amigos por ahí. Siempre me pasa lo mismo.
d) ...se ha enfadado conmigo. Creo que le gusto.
e) ...me marcho a la biblioteca a acabar el trabajo que hay que entregar mañana.
f) ...se la dieran y esté allí este curso.

3 | *Parte 1.*

Soluciones:
Ser un aburrimiento – Ser un rollo – Ser un tostón – Ser un peñazo
No acudir a una cita y no avisar de ello – Dejar plantado – Dejar tirado
Ser un caradura, tener descaro o una suerte inmerecida – Tener (un) morro – Tener (una/mucha) jeta – Tener (una/ mucha) cara

Parte 2.

Ejemplo de posible realización:
a) - ¿Te apetece venir al cine a ver la nueva película de Almodóvar?
   - No sé qué decirte... Es que la última fue un rollo, la verdad. ¿No te apetece ver otra?
b) - Ayer quedé con Daniel en el cine a las ocho y me dejó plantada, ¿te lo puedes creer?
   - ¿En serio? Este chico es un desastre...
c) Laura tiene un morro que se lo pisa: ¿sabes que me pidió que le hiciera yo el trabajo de inglés?
   - Siempre hace lo mismo, ¡ni se te ocurra echarle una mano! ¡Que lo haga ella, hombre!

Explotación didáctica:
Es importante que se haga hincapié en la información de **Estrategia** para la realización del ejercicio.

4 | **Explotación didáctica:**
Esta actividad pretende que el alumno utilice las estructuras aprendidas en una situación real. Se deberían conseguir enunciados como: *Yo no estoy muy seguro. Puede que escoja Derecho, aunque también me gusta la Economía; Yo posiblemente vaya a España el próximo año, me ha llamado mucho la atención el grado en Comunicación Audiovisual de la Universidad de Salamanca.*

5 | *Parte 1.*

Soluciones:
a) Bufanda de rayas; b) Teléfono móvil; c) Apuntes.

Parte 2.

Ejemplo de posible realización:
- La bufanda se le habrá caído en la biblioteca antes de salir.

- Yo creo, más bien, que posiblemente la haya olvidado en el bar.

Transcripción:

Conversación a)
CLARA: Hola guapa, ¿qué tal?
NEREA: Hola, Clara.
CLARA: ¿Dónde has dejado la bufanda que te regalamos ayer?
NEREA: Pues verás... la he llevado puesta todo el día, pero se me ha debido caer...
CLARA: ¿No me digas que la has perdido? Yo te mato...
NEREA: Bueno, perder perder igual no. Mira, es que he estado en la biblioteca y allí tienes que dejar todo en la taquilla. Yo creo que luego sí que me la he puesto, pero la verdad es que no me acuerdo bien. Después me he acercado a la pastelería que está cerca de la Facultad y luego al bar Quijote. En fin, seguro que está en alguno de estos lugares.
CLARA: ¡Eres un desastre! Espero que la encuentres, porque ya es la tercera que te regalamos este año.

Conversación b)
CARLOS: Nerea, ¡espera!
NEREA: Hola, Carlos, ¿qué quieres?
CARLOS: Es que necesito urgentemente los apuntes de Psicología Social que te dejé.
NEREA: Pues me vas a matar, pero llevo unos días buscándolos...
CARLOS: ¿Los has perdido?
NEREA: No, no los he perdido. Sé que los tengo, pero no me acuerdo dónde. Con los exámenes tengo mi cuarto patas arriba y ¡cualquiera encuentra algo allí! Además, sé que Clara me pidió que se los prestara, pero no recuerdo si al final se los dejé.
CARLOS: Y yo, ¿qué hago ahora? Mira, es la última vez que te dejo algo.
NEREA: No te pongas así, Carlos. Te prometo que para mañana los tendrás sin falta. Perdóname, anda.
CARLOS: Cuando tenga los apuntes en mis manos, ya hablaremos.

Conversación c)
LORENA: ¡Nerea, Nerea!
NEREA: Hey, hola. ¿Qué te pasa que vienes tan alterada?
LORENA: Nada, es que llevo toda la tarde llamándote y, como no me cogías el teléfono, me había preocupado.
NEREA: Pues tranquila, que estoy perfectamente. Es que no sé dónde he metido ese maldito aparato. Sé que lo llevaba en el bolsillo, pero seguro que se me ha caído en algún sitio. Ahora mismo lo estaba buscando.
LORENA: Si quieres yo te ayudo... A ver, ¿cuándo fue la última vez que lo viste?
NEREA: Pues a última hora de la mañana, cuando salí de clase. Luego he estado todo el tiempo de un lado para otro...
LORENA: Bueno, y ¿en qué lugares has estado?
NEREA: A ver que haga memoria... En la cafetería de la Facultad, en la librería Libélula, en la biblioteca estudiando y en el supermercado. Ahora venía de allí.
LORENA: Buff, y ¿por dónde empezamos a buscar?

6 | **Ejemplo de posible realización:**
a) Necesitaría desconectar y por eso hizo algo diferente.

Tarea:
Si no se dispone de internet en el aula, se podría imprimir y llevar a clase el material necesario para la realización de la actividad.

EXPRESIÓN E INTERACCIÓN ORALES

1 | **Ejemplo de posible realización:**
Te aconsejamos: buscar información sobre la empresa y preparar una buena argumentación sobre por qué quieres trabajar allí; mantener contacto visual con el entrevistador.
Te desaconsejamos: balbucear; contar chistes.

2 | **Explotación didáctica:**
Para la realización de la actividad hace falta recortar las fichas. Las entrevistas tienen que ser supervisadas y pueden realizarse en una sesión simultánea o de manera secuencial delante del resto de la clase, dependiendo de las necesidades didácticas.

EXPRESIÓN E INTERACCIÓN ESCRITAS

2 | **Explotación didáctica:**
Antes de redactar el párrafo, sería buena idea realizar una puesta en común en clase para que los alumnos dispusieran de suficientes argumentos a la hora de escribir.

4 | **Explotación didáctica:**
Este ejercicio se podría aprovechar para realizar una corrección cruzada de las redacciones entre los alumnos. Los textos podrían ser posteriormente utilizados como pruebas de evaluación por parte del profesor.

Tarea:
Con esta actividad se busca fomentar la autonomía del alumno y su capacidad de rescatar la información

unidad 1

relevante. En caso de no disponer de ordenadores en el aula, esta tarea puede destinarse como ejercicio para casa.

CULTURA

1 | **Ejemplo de posible realización:**
   a) El idioma más estudiado del mundo es el inglés, tras el cual se sitúa el español.
   b) El español lo estudian 18 millones de personas aproximadamente.
   c) El español es lengua oficial de 21 países.
   d) Unas 450 millones de personas hablan español.
   e) Se trata de la tercera lengua más utilizada en internet tras el inglés y el chino.
   f) El español es importante en el nivel personal, para viajes y turismo, y en el profesional, puesto que se está convirtiendo en muchos sectores en un requisito indispensable, o, al menos, se valora muy positivamente.
   g) El español es estudiado, sobre todo, en Estados Unidos, Canadá, Brasil, Alemania y Japón.
   h) El español es estudiado por personas de todas las edades, pero especialmente por los jóvenes (16-25 años) con estudios superiores.
   i) España acoge cada año a unos 250 mil estudiantes extranjeros de español.

Transcripción:
Hoy vamos a hablar de la importancia del idioma español. Aprender una nueva lengua trae consigo, en primer lugar, un beneficio personal, que puede influir de manera positiva, además, en ámbitos como el laboral. Hoy en día el idioma más estudiado en el mundo como lengua extranjera es el inglés. Tras el inglés se sitúa el español con aproximadamente 18 millones de estudiantes en el mundo, al que siguen otras lenguas como el chino o el árabe. La pregunta que surge inmediatamente es ¿por qué 18 millones de personas estudian español? Bueno, en primer lugar, porque el español es el idioma oficial de nada menos que 21 países, la gran parte de ellos situados en el continente americano. En segundo lugar, dado que el español es hablado por aproximadamente 450 millones de personas en el mundo. El tercer argumento es que el español se ha convertido en la tercera lengua más utilizada en internet tras el inglés y el chino. Por todo ello parece fácil concluir objetivamente que saber español es importante.
Es importante en el terreno personal ya que si viajamos a cualquiera de los países en los que el español es lengua oficial deberemos conocer el idioma para desenvolvernos sin problemas y para llegar a conocer y entender la cultura. En el nivel profesional, saber español se ha convertido en una herramienta, en muchas ocasiones, indispensable. Este es el caso del sector turístico. En otros ámbitos profesiones, el español no se considera algo totalmente necesario, pero su conocimiento es valorado positivamente.
En cuanto a la procedencia de los estudiantes interesados en nuestra lengua, los aproximadamente 18 millones que aprenden español proceden mayoritariamente de Estados Unidos, Canadá, Brasil, Alemania y Japón. El perfil de estos estudiantes es el de gente joven, de entre 16 y 25 años, con formación de nivel superior. Son muchos, además, los que viajan año tras año a un país hispanohablante para realizar un curso de lengua y cultura. España, por ejemplo, recibe cada año unos 250 mil estudiantes, gran parte de los cuales escoge ciudades como Madrid, Barcelona, Salamanca o Granada.

3 | **Soluciones:**
   a) (2) En España; b) México, España, Colombia, Argentina, Venezuela, Perú, Chile, Ecuador, Guatemala, Cuba, República Dominicana, Honduras, Bolivia, El Salvador, Nicaragua, Paraguay, Costa Rica, Uruguay, Panamá, Estados Unidos (Puerto Rico); c) (1) México; d) (3) Estados Unidos.

4 | **Más ideas:**
   Esta actividad podría ampliarse con vídeos que muestren distintos acentos, a partir de los cuales se podría debatir en clase si existen grandes diferencias entre ellos.

5 | **Explotación didáctica:**
   Para realizar este ejercicio, puede ser el profesor quien proponga las lenguas sobre las que hay que escribir. Por ejemplo, idiomas como el inglés, el chino, el alemán o el árabe pueden dar mucho juego.

UNIDAD 2 — PRIMERA PLANA

PROYECTO

Explotación didáctica:
Este proyecto puede plantearse como una tarea para desarrollar a lo largo de todo el curso y se relaciona con el **Proyecto** de la unidad 10. En el caso de que no se tenga acceso a internet, se puede organizar la redacción y publicación periódica de una revista de clase en formato impreso que tenga las mismas secciones que se proponen para el blog.

COMPRENSIÓN LECTORA

2 | **Ejemplo de posible realización:**
Un código deontológico es un conjunto de reglas de conducta profesional que poseen, por ejemplo, médicos, abogados o periodistas.

3 | **Ejemplo de posible realización:**
a) El periodista debe obtener la información de manera lícita y publicarla con el consentimiento de los interesados.
b) El periodista debe separar claramente información y opinión para evitar confundir a los lectores.
c) El periodista debe evitar la publicación de informaciones falsas y tiene la obligación de corregir las que puedan serlo.
d) Las organizaciones periodísticas e institucionales, así como los medios de comunicación, son los encargados de proteger la seguridad de los periodistas.

6 | **Explotación didáctica:**
Dada su extensión, este ejercicio puede destinarse como tarea para casa. Como alternativa, el profesor podría llevar a clase algunos artículos periodísticos vinculados a comportamientos poco éticos. Algunos ejemplos clásicos podrían ser las escuchas telefónicas de *News of the World* en Reino Unido (2011), la implicación de un periodista en el caso Trierweiler por suplantación de identidad en Twitter (2012), el caso de Stephen Glass en EE. UU., despedido por publicar un artículo falso (1998).

Tarea:
En caso de que no haya disponibilidad de acceso a internet, se puede disponer un corcho o algo similar en el aula y pedir a los alumnos que aporten noticias positivas, preferiblemente reales, durante varios días.

COMPRENSIÓN AUDITIVA

1 | **Explotación didáctica:**
Sería conveniente que el profesor tuviera preparada una lista de medios de comunicación internacionales en español para presentársela a los alumnos en el caso de que no conocieran muchos de ellos. Por ejemplo: www.rtve.es, www.cienradios.com.ar, www.caracoltv.com, www.eluniversal.com.mx, etc.

2 | **Ejemplo de posible realización:**
(1) difunde la actividad de la Universidad; (2) facilita que tengamos un alcance mundial; (3) es posible gracias a la colaboración de otros muchos profesionales: técnicos de imagen y sonido, editores, informáticos y diseñadores; (4) se centra en la propia Universidad; (5) crear una imagen más dinámica y actual, tanto en la web como en los móviles; (6) transformamos, subimos y publicamos los vídeos en la web.

Transcripción:
ÁNGEL LOZANO: USAL TV es una televisión corporativa que difunde la actividad académica, docente e investigadora de la Universidad de Salamanca. Los recursos audiovisuales son también muy útiles para cualquier institución que se dedique a la enseñanza superior. Y la red de internet nos permite llegar en todo momento a cualquier lugar del mundo.
ANA HERNÁNDEZ: Nuestro trabajo siempre es en equipo: la producción audiovisual así lo exige. La tarea que desarrollamos los periodistas se suma a la de otros muchos profesionales, como técnicos de imagen, de sonido, editores, informáticos o diseñadores que igualmente participan en la elaboración de nuestros programas. Contenidos que entran a formar parte de la mediateca de USAL TV o que emitimos en directo a través de internet.
PEDRO L. MARTÍN: La televisión de la Universidad de Salamanca no responde a un modelo convencional de televisión. Su programación gira en torno a la institución académica. Alumnos, profesores, investigadores y personal de administración y servicios son sus protagonistas.

unidad 2

MIGUEL ÁNGEL GIMENO: En el Servicio de Innovación y Producción Digital nos encargamos de la imagen de USAL TV. Intentamos que sea una imagen fresca, moderna, atractiva... tanto para su página web como para futuras aplicaciones de dispositivos móviles.

LAURA FONTANILLO: Los ingenieros informáticos nos encargamos de disponer todo lo necesario para que esos vídeos sean accesibles desde cualquier ordenador, pantalla de televisión, tableta o teléfono móvil. Nosotros convertimos los vídeos, los subimos a nuestra plataforma y los publicamos.

6 | Explotación didáctica:
En caso de no disponer de conexión a internet, sería aconsejable que los alumnos desarrollaran esta tarea en casa o que el profesor proporcionara a la clase diversos materiales impresos en los que pudieran encontrar información sobre estos medios.

FORMAS Y RECURSOS LINGÜÍSTICOS

3 | Soluciones:
(1) apareció; (2) se hacía; (3) se reunía; (4) tuvo; (5) apareció; (6) aparecieron; (7) eran; (8) estaban; (9) se había generalizado.

Explotación didáctica:
Se debe hacer hincapié en las formas resaltadas en el texto (*había* y *estar*) y hacer referencia a la información gramatical que se da al respecto.

4 | Ejemplo de posible realización:
- El hombre llegó a la Luna antes de que el primer español, Pedro Duque, viajara al espacio.
- La Guerra Civil Española comenzó después de que terminara la Primera Guerra Mundial.
- Gabriel García Márquez publicó *Cien años de soledad* antes de que le concedieran el Premio Nobel de Literatura.
- Siempre que sube el precio del petróleo, la gente está descontenta y preocupada.
- A medida que la tecnología progresa (a pasos agigantados), la vida se hace más fácil.

5 |

Transcripción:
ENTREVISTADOR: Buenos días a todos nuestros radioyentes. Hoy tenemos con nosotros a Clara Garzón, exalcaldesa de Béjar. Buenos días, Clara.
CLARA GARZÓN: Muy buenos días a todos.
ENTREVISTADOR: Díganos, Clara, ¿cómo empezó en el mundo de la política?
CLARA GARZÓN: Pues yo empecé con 20 años. Fue entonces cuando me afilié a mi partido. Antes ya había colaborado con distintos tipos de organizaciones estudiantiles, que mantenían una intensa actividad en la facultad de derecho, donde yo estudiaba. A medida que pasaban los cursos, mi interés por la política aumentaba y, tan pronto como acabé la carrera, me dediqué por entero a esta profesión.
ENTREVISTADOR: Además, si no me equivoco, también es usted licenciada en Ciencias Políticas.
CLARA GARZÓN: Sí, efectivamente. Mientras empezaba mi andadura política como concejal, comencé a estudiar Ciencias Políticas a distancia. Es una carrera realmente apasionante.
ENTREVISTADOR: En la actualidad, ha dejado su puesto en la alcaldía para tomarse un tiempo de descanso.
CLARA GARZÓN: Sí. La verdad es que estos últimos años han sido muy duros y yo, ante todo, soy madre. Creo que ha llegado el momento de dedicarme por entero a mi familia. Después de tantos años de duro trabajo, me lo merezco.
ENTREVISTADOR: ¿Quiere esto decir que deja el mundo de la política definitivamente y sin perspectivas de volver en un futuro?
CLARA GARZÓN: No, en absoluto, yo adoro mi trabajo. Es solo que necesito un respiro para mí y para mi familia. En cualquier caso, seguiré trabajando dentro del partido. Cuando mis hijos crezcan y me sienta con fuerzas, volveré.
ENTREVISTADOR: Que así sea, Clara. Muchísimas gracias por su presencia hoy en el programa.
CLARA GARZÓN: Gracias a ustedes, ha sido todo un placer.

7 | Soluciones:
1. es; 2. es, fue; 3. es, es; 4. siendo, estuvo.

8 | Ejemplo de posible realización:
Ser rico: tener mucho dinero. Por ejemplo: *A mi primo le tocó la lotería, ahora es rico*.
Estar rico: tener buen sabor. Por ejemplo: *Esta paella está muy rica*.

Ser abierto: ser extrovertido. Por ejemplo: *Lucas es un chico abierto, por eso siempre ha hecho amigos muy rápido*.
Estar abierto: no estar cerrado. Por ejemplo: *Las tiendas de ropa están abiertas a partir de las 10 de la mañana*.

Ser seco: ser un poco antipático. Por ejemplo: *El vecino del quinto es un poco seco, me ve por la calle y no me saluda*.

Estar seco: no tener agua. Por ejemplo: *La ropa que tendiste ya está seca.*

Ser despierto: ser listo o ágil de pensamiento. Por ejemplo: *Para tener 5 años, Ana es una niña muy despierta.*
Estar despierto: no estar dormido. Por ejemplo: *Luis ya está despierto, es un chico muy madrugador.*

Ser atento: ser cortés o complaciente con los demás. Por ejemplo: *Mi hermana es muy atenta, siempre que viene a comer a casa trae algo de postre.*
Estar atento: prestar atención a algo. Por ejemplo: *Es importante estar atento en clase.*

Ser delicado: ser frágil. Por ejemplo: *El jarrón de cristal que hay en el salón es muy delicado, así que cuidado con él.*
Estar delicado: tener una salud débil. Por ejemplo: *El paciente está delicado tras la operación.*

Ser malo: tener maldad o ser perjudicial. Por ejemplo: *El tabaco es malo para la salud.*
Estar malo: estar enfermo. Por ejemplo: *Clara no ha venido a clase porque está mala.*

Ser bueno: tener bondad o ser conveniente. Por ejemplo: *La aspirina es buena para el dolor de cabeza.*
Estar bueno: tener buena salud. Por ejemplo: *Mi padre ya está bueno. Le ha costado curarse el catarro, pero ahora está como una rosa.*

Ser claro: ser de una manera que se distingue bien o explicarse de manera que todo el mundo lo entienda. Por ejemplo: *El profesor de matemáticas es muy claro al hablar, por eso me encantan sus clases.*
Estar claro: ser evidente. Por ejemplo: *Está claro que España va a ganar el mundial de fútbol.*

Ser cerrado: ser algo introvertido. Por ejemplo: *Tu hermano es algo cerrado, por eso no tiene muchos amigos.*
Estar cerrado: no estar abierto. Por ejemplo: *Los supermercados están cerrados a partir de las 9 de la noche.*

Ser listo: ser inteligente o perspicaz. Por ejemplo: *Juan Carlos es muy listo, siempre entiende las explicaciones a la primera.*
Estar listo: estar preparado. Por ejemplo: *Claudia te va a pasar a recoger a las 6, así que tienes que estar listo para esa hora.*

Ser vivo: ser ágil de pensamiento o perspicaz. Por ejemplo: *A mi madre no se le escapa ni una, es muy viva.*
Estar vivo: tener vida. Por ejemplo: *A pesar de la falta de agua, mi cactus todavía está vivo.*

EXPRESIÓN E INTERACCIÓN ORALES

1 | **Explotación didáctica:**
Los personajes famosos tienen que ser preferentemente del mundo hispano. Como alternativa, puede tratarse de personajes famosos a nivel internacional o conocidos por todos los alumnos. El profesor tiene que guiar a los protagonistas del suceso para que se inventen una situación graciosa y enredada. El titular no tiene que revelar el contenido principal de la historia, pero sí dar una pista del contexto.

2 | **Explotación didáctica:**
En vez de ser grabados, los reportajes pueden representarse delante de la clase a partir de un breve guion.

EXPRESIÓN E INTERACCIÓN ESCRITAS

2 | **Explotación didáctica:**
Este ejercicio puede realizarse también de manera conjunta, rellenando la tabla con los datos de cada una de las historias antes de escribir los artículos. En la redacción, los alumnos tendrán que prestar atención especialmente a las formas y recursos lingüísticos explicados en la unidad.

CULTURA

1 | **Soluciones:**
(1) antetítulo; (2) titular; (3) subtítulo o entradilla; (4) pie de foto; (5) cuerpo de la noticia.

UNIDAD 3 — NO ME SIENTO BIEN...

PROYECTO

Explotación didáctica:
Como ejemplo adicional de campaña publicitaria sobre la salud, se puede hacer referencia a la actividad 3 de **Expresión e interacción escritas** de esta unidad. La campaña se puede complementar con una cuña radiofónica o un anuncio audiovisual.

COMPRENSIÓN LECTORA

1 | **Ejemplo de posible realización:**
   a) [Opinión personal].
   b) Fiebre, congestión nasal, dolor de cabeza, malestar general, etc.
   c) Aunque los síntomas son similares, la gripe es una enfermedad vírica que se puede contagiar mientras que el catarro no.

2 | **Soluciones:**
   (1) c); (2) a); (3) b); (4) a); (5) c); (6) b); (7) b); (8) a).

3 | **Ejemplo de posible realización:**
   a) La gripe afecta más a la tercera edad porque tienen menos defensas.
   b) Los profesionales sanitarios son los encargados de determinar quién debe vacunarse.
   c) En ningún caso: se aconseja no tomar antibióticos sin prescripción médica.
   d) ...estufas y braseros, pues pueden ser peligrosos y ocasionar incendios y quemaduras.

4 | **Ejemplo de posible realización:**
   1º "Cómo prevenir la gripe"; 2º "Qué hacer cuando estás enfermo"; 3º "Protégete del frío".

5 | **Ejemplo de posible realización:**
   Algunos remedios caseros para aliviar los síntomas de la gripe son: hacer vahos o vaporizaciones, beber muchos líquidos, tomar vitamina C, hacerse una infusión con jengibre y miel, comer ajo, etc.

6 | **Soluciones:**

A	Í	G	U	R	I	C	Q	J	S	H	R	L	W	A
A	P	S	I	Q	U	I	A	T	R	Í	A	Y	T	L
A	Í	G	O	L	O	C	E	N	I	G	T	T	T	E
R	B	A	Í	R	T	A	I	D	E	P	E	R	V	R
D	E	R	M	A	T	O	L	O	G	Í	A	V	B	G
H	U	D	R	G	Q	K	N	R	L	U	C	Y	T	O
B	U	W	S	M	D	C	J	L	M	L	X	W	W	L
T	G	S	Y	R	J	U	K	A	Q	K	F	T	O	O
T	T	Y	X	P	M	I	T	E	S	M	Y	D	X	G
W	P	K	B	M	B	O	L	T	Y	S	D	E	S	Í
H	A	Í	G	O	L	O	I	D	R	A	C	Z	C	A
K	A	V	T	O	E	J	T	X	B	M	D	E	O	C
A	A	Í	G	O	L	O	N	I	R	C	O	D	N	E
Q	W	Í	N	E	U	R	O	L	O	G	Í	A	P	X
Y	A	Í	G	O	L	O	M	L	A	T	F	O	G	F

Explotación didáctica:
La sopa de letras podría plantearse como una competición individual, por equipos o contrarreloj (por ejemplo, encontrar el mayor número de palabras en dos minutos).

Más ideas:
Los alumnos podrían crear otras sopas de letras con vocabulario vinculado al de esta unidad (manualmente o con cualquier herramienta en línea que facilite la elaboración de este tipo de materiales) para que se repartan y se resuelvan como trabajo adicional.

COMPRENSIÓN AUDITIVA

1 | **Soluciones:**
   - El médico que cuida de la boca es el dentista.
   - El médico que trata los huesos es el traumatólogo.
   - El médico de los ojos es el oftalmólogo.
   - El médico que opera es el cirujano.
   - Si quieren saber cómo está tu colesterol, te pedirán una analítica.
   - Si no ves bien, te harán una revisión ocular.
   - Si tienes problemas en el corazón, te harán un electrocardiograma.
   - Si no oyes bien, te harán una audiometría.

2 | **Explotación didáctica:**
Se podría utilizar el mapa real de un hospital como referencia. Además, el profesor debe hacer hincapié en la **Estrategia**.

3 | **Soluciones:**
a) F; b) F; c) V; d) V e) V; f) F; g) V; h) F.

Transcripción:
VOZ EN *OFF*: El pañuelo les delata y la desesperación que hace que algunos tengan una lista interminable con la que plantar cara al polen.
MUJER: Inhaladores para la nariz, mmm... vacunas, y más... todo lo normal que tú puedas buscar. Te duermes con dos o tres cojines, casi medio sentada...
VOZ EN *OFF*: Pero a veces nada, que no hay manera.
HOMBRE: Llevo ya seis o siete años con los mismos síntomas y no, y no se me soluciona.
VOZ EN *OFF*: Casi cuatro de cada cinco alérgicos han empezado ya con mocos, picores constantes, lagrimeo, estornudos y tos, sobre todo en Galicia, Asturias o Andalucía. Y en breve, para otro 7% de los españoles vendrá lo más duro: el asma.
MUJER, LEJOS: ¡Sopla fuerte! [se oye una respiración difícil]
HOMBRE 2: ¿Cómo se curan? Diagnosticándolas. Eso es lo primero, lo básico. Hay que saber qué te provoca la alergia.
VOZ EN *OFF*: Hay tantos tipos que más vale afinar la puntería. Las más frecuentes: alergias a las gramíneas, olivo, cipreses y al plátano. Y para pararlas, lo más eficaz, insisten los médicos, son las vacunas. Pero solo uno de cada diez alérgicos se la ponen. Si se preguntan por qué cada año hay todavía más gente con alergia, es fácil: nuestro tipo de vida.
HOMBRE 2: La contaminación ambiental, los motores de combustión, y también que estamos más alejados cada día del medio rural y más en los grandes núcleos de población sean las causas fundamentales que están haciendo todo esto.
VOZ EN *OFF*: Y paciencia. Las alergias al polen no han hecho más que empezar. En mayo y junio llegará, dicen, lo peor.

4 | **Ejemplo de posible realización:**
a) 7%; b) olivo, plátano; c) tipo de vida; d) la contaminación, vivir lejos del campo.

FORMAS Y RECURSOS LINGÜÍSTICOS

1 | **Ejemplo de posible realización:**
a) Los síntomas que tiene el paciente son fiebre e inflamación de garganta.

b) Las acciones que realiza el doctor son tomarle la temperatura, mirarle la garganta y tomarle la tensión.
c) El paciente se acerca al médico, deja que le tome la temperatura, se sienta y abre la boca, dice "A" y pone el brazo en la máquina que toma la tensión.

Transcripción:
PACIENTE: Hola, buenos días.
MÉDICO: Buenos días. Siéntese. Dígame, ¿qué le ocurre?
PACIENTE: Pues mire, es que llevo tres días con fiebre y tengo un dolor de garganta tremendo.
MÉDICO: A ver, voy a tomarle la temperatura. Venga aquí, que le pongo el termómetro.
MÉDICO: Sí, efectivamente, tiene 38 de fiebre. Voy a mirar su garganta. Siéntese aquí y abra la boca.
PACIENTE: Sí.
MÉDICO: Ahora diga "A".
PACIENTE: Aaaaaaaaaaaaaaaaaaaaaaaa...
MÉDICO: Vale, tiene la garganta un poco inflamada.
PACIENTE: La verdad es que me duele muchísimo.
MÉDICO: Voy a tomarle la tensión también. Ponga aquí su brazo.
PACIENTE: De acuerdo.
MÉDICO: ¿Ha tomado algún medicamento estos días?
PACIENTE: Pues, paracetamol para la fiebre, pero nada más.
MÉDICO: Vale, pues le voy a recetar un antibiótico para la inflamación de garganta. Tome un sobre cada ocho horas, con las comidas. Si en una semana no mejora, vuelva por aquí.
PACIENTE: De acuerdo. Muchas gracias, doctor.
MÉDICO: De nada. ¡Que se mejore!

2 | **Ejemplo de posible realización:**
2. Estimado profesor:
Soy un alumno de segundo año de medicina. Estoy interesado en cursar Medicina Infantil el próximo curso, pero tengo algunas dudas sobre esta asignatura. ¿Podría mandarme el programa para decidir si me conviene cogerla? Muchas gracias por adelantado.
Un saludo,
Manuel Rovira

Explotación didáctica:
Es importante que, antes de realizar este ejercicio, se llame la atención sobre **En contexto**, que aparece justamente a continuación.

unidad 3

3 | Ejemplo de posible realización:
2. Hola, María. Te escribo para darte una información que quizá te interese. El otro día escribí al profesor de Pediatría y le pedí que me mandara el programa de Medicina Infantil. Me dijo que iba a cambiar con respecto al de este año y que todavía no podía enviarme el definitivo. Me sugirió que le escribiera dentro de un mes y medio para pedírselo otra vez. ¿Tú tienes pensado hacer esa asignatura?

4 | Soluciones:
Las formas que aparecen en negrita sirven para expresar consejos.

5 | Ejemplo de posible realización:
- Para liberar el estrés que supone el no fumar, fije una hora del día para hacer algún tipo de ejercicio físico.
- Es aconsejable que retire de su casa todos los objetos (fotografías, etc.) que puedan recordarle su época de fumador.

6 | Ejemplo de posible realización:
(1) Yo te aconsejo que vayas a verla; (2) puedes llamarla; (3) habla con su mejor amiga; (4) vete a visitarla.

7 | Explotación didáctica:
Este ejercicio busca que los estudiantes practiquen las estructuras aprendidas en diálogos espontáneos. Estos últimos deberían ser similares al que se da como ejemplo. Es importante que el profesor llame la atención sobre **En contexto** y que los estudiantes utilicen los exponentes que aparecen en él.

9 | Ejemplo de posible realización:
- Me gustaría ir a la Luna.
- Ojalá pueda casarme con Penélope Cruz.
- ¡Quién fuera rico para viajar por todo el mundo!

EXPRESIÓN E INTERACCIÓN ORALES

1 |

> **Transcripción:**
> MUJER: ¡Uy! ¿Te has resfriado?
> HOMBRE: Parece que sí...
> MUJER: Vaya, justo para el fin de semana.
> HOMBRE: No pasa nada, me voy a tomar un Frenadol Complex ©.
> MUJER: Pues mañana es la comida con mi hermana y Carlos. Ah, y sus vecinos, los de los cuatro niños.
> VOZ EN *OFF*: Frenadol Complex © frena eficazmente los síntomas de la gripe y del resfriado... si quieres. Lea las instrucciones de este medicamento y consulte al farmacéutico.

3 | Ejemplo de posible realización:
(1) Tener gripe; (2) tienes alergia; (3) estás afónico; (4) tiene fiebre.

Explotación didáctica:
Se trata de diálogos que permiten distintas realizaciones según la creatividad de los alumnos, por lo que no importa que un mismo diálogo se represente más de una vez. Además de hacer hincapié en las fórmulas que aparecen en **En contexto**, se pueden destacar las formas *fingir* y *hacer como que*.

4 | Soluciones:
a) llamada 3; b) llamada 5; c) llamada 4; d) llamada 2; e) llamada 1.

> **Transcripción:**
> LLAMADA 1
> ¡Buenas, Diego! ¿Te apetece ir el domingo a una excursión a la Sierra de Béjar? Me han invitado unos amigos y he pensado que podía decírtelo a ti también, a ver si te animas... Ya sabes que después de dejarlo con Silvia no levanto cabeza y me gustaría desconectar un poco...
>
> LLAMADA 2
> Buenos días, señorita Rodríguez. Le llamo para preguntarle si le apetece acompañar a nuestros clientes coreanos a comer el sábado. En principio iba a ir su colega, el señor Sánchez, pero me acaba de llamar diciéndome que no se encuentra muy bien. Sé que es fin de semana, pero si no tiene otros planes me haría un favor muy grande acudiendo a la cita en su lugar.
>
> LLAMADA 3
> Buenos días. Soy Marta y le llamo de Movistar. Quería ofrecerle nuestra nueva conexión ADSL por solo 25 € al mes. Tendría llamadas a fijos gratis y 30 megas reales, ¡sin compromiso de permanencia!
>
> LLAMADA 4
> Hey, ¿qué tal estás, Lola? Te llamo para recordarte que esta noche habíamos quedado en ir al cine, ¿a qué hora paso a buscarte?
>
> LLAMADA 5
> Hola. Me llamo Marcos, no sé si te acuerdas de mí. Me ha dado tu número de móvil un amigo en común, Luis... Llevo un tiempo fijándome en ti en la Facultad, me pareces muy guapa y me encantaría poderte conocer mejor. ¿Te apetece quedar para un café mañana por la tarde?

5 | **Ejemplo de posible realización:**
Para rechazar una propuesta: *no me interesa; me temo que no va a poder ser; creo que no voy a poder; tengo que decirte que no.*
Para disculparse y justificarse: *lo siento; es que...; ¡vaya!; lo lamento; me sabe mal, pero...; no te lo tomes a mal.*
Para agradecer algo: *gracias por la oferta; gracias por la propuesta.*
Para hacer otra propuesta: *¿lo dejamos para la semana que viene?; otra vez será.*

6 | **Ejemplo de posible realización:**
No levantar cabeza: no conseguir salir de una situación desgraciada.
Dejar a alguien con la boca abierta: sorprender a alguien.
No pegar ojo: no poder dormir.
Echarle una mano a alguien: ayudar a alguien.
Estirar las piernas: pasear.

EXPRESIÓN E INTERACCIÓN ESCRITAS

2 | **Explotación didáctica:**
En el caso de que sea necesario, el profesor puede estimular el debate señalando algunas ventajas (respuesta rápida, consejos desde distintas fuentes, etc.) o desventajas (información poco fiable, falta de contacto directo, etc.) de la costumbre en cuestión.

3 | **Más ideas:**
En caso de no disponer de medios informáticos en el aula, se puede hacer una lluvia de ideas acerca del tema o, como alternativa, el profesor puede llevar a clase alguna sección de la página web impresa para leerla o enseñársela a los alumnos.

Transcripción:
NIÑA: ¿Te duele? Toma, verás que bien te va esto.
NIÑO: Y tú, esto otro. Que va muy bien para todo.
NIÑA: Esto es lo que toma mi abuelita.
VOZ EN *OFF:* Los medicamentos no son ningún juego. Son útiles cuando se necesitan, pero su uso inadecuado puede hacerte mucho daño. Consulta a tu médico o farmacéutico. Los medicamentos no los tomes a la ligera. Ministerio de Sanidad, Política Social e Igualdad. Gobierno de España.

CULTURA

2 | **Ejemplo de posible realización:**
a) Las condiciones ambientales a grandes altitudes se caracterizan por una disminución de la cantidad de oxígeno en el aire y, en consecuencia, en la sangre. Ante esta situación, el cuerpo humano produce más células rojas para obtener más oxígeno, lo cual provoca algunos efectos negativos en nuestro cuerpo.
b) Los afectos adversos que podemos experimentar son fuertes dolores de cabeza, dificultades respiratorias y náuseas o vómitos.
c) Como precauciones, se debe realizar un entrenamiento previo y llevar un buen botiquín con bombonas de oxígeno.

Transcripción:
Así reacciona nuestro cuerpo en condiciones extremas.
Cuando ascendemos a altitudes superiores a los 2.500 metros la cantidad de oxígeno disminuye, no solo del aire, sino también de la sangre. Eso ocurre, por ejemplo, en el Everest, que se encuentra a 8.848 metros de altitud. El cuerpo produce más células rojas para obtener más oxígeno, pero esto implica una serie de efectos sobre nuestro organismo. De este modo, pueden aparecen fuertes dolores de cabeza, dificultades respiratorias y náuseas o vómitos. Además, las bajas temperaturas de las alturas pueden producir hipotermia, que, a su vez, conlleva un aumento de la debilidad corporal y un descenso del ritmo respiratorio.
Por todo ello, si tiene pensado hacer una expedición a las alturas es imprescindible realizar un entrenamiento previo, que ayude a nuestro cuerpo a soportar los efectos de la altitud. Y, por supuesto, es necesario llevar un buen botiquín de viaje, que incluya bombonas de oxígeno.
La próxima semana volveremos con una nueva entrega de "Así reacciona nuestro cuerpo en condiciones extremas".

4 | **Ejemplo de posible realización:**
a) No se aconseja la conducción de vehículos durante el tratamiento con este medicamento.
b) En principio, no existe ningún problema en que alguien que ya tenía previamente una enfermedad de la piel tome este medicamente. Sin embargo, el prospecto advierte de que si se nota algún síntoma de alergia –que podría manifestarse en la piel– se deje inmediatamente el medicamento.
c) Debes tener paciencia, estos síntomas suelen remitir después de unos días de tratamiento.
d) Si el paciente presenta fiebre, se recomienda que deje de tomar acetazolamida.

Explotación didáctica:
Es muy importante que, antes de comenzar a hacer el ejercicio, se incida sobre **Estrategia**. Lo interesante de esta actividad es que los alumnos practiquen la lectura selectiva.

UNIDAD 4
HACEMOS LA MALETA

PROYECTO

Explotación didáctica:
Para que los estudiantes tomaran un primer contacto con el tema, el profesor podría mostrar en clase algún fragmento de los dos programas que se mencionan en el texto introductorio (*Españoles por el mundo* y *Destino: España*). Una vez completada la actividad, lo ideal sería proyectar los distintos vídeos creados y que, cuando se hubieran visto todos, los alumnos votaran su preferido. La actividad podría ampliarse preguntando a los estudiantes por su sitio favorito de la ciudad, lo cual podría crear una puesta en común interesante.

COMPRENSIÓN LECTORA

1 | **Explotación didáctica:**
Es aconsejable llevar a los alumnos materiales de muestra de Cádiz, como folletos turísticos o mapas. Estos están disponibles en páginas web de turismo, por lo que pueden explorarse en clase o bien llevarse impresos y preparados previamente.

2 | **Soluciones:**
(1) e); (2) d); (3) b); (4) c); (5) a).

3 | **Ejemplo de posible realización:**
a) ...sus vinos.
b) ...suave y con muchas horas de luz al año.
c) ...el carácter de sus gentes y el buen clima.
d) ...el mar Mediterráneo y el océano Atlántico.

4 | **Ejemplo de posible realización:**
Una Reserva de la Biosfera es un lugar geográfico representativo de cierto tipo de hábitat. La sierra de Cádiz que ha obtenido esta denominación es la Sierra de Grazalema, que se encuentra entre el noreste de la provincia de Cádiz y el noroeste de la provincia de Málaga.

5 | **Ejemplo de posible realización:**
para correr con el coche a ritmo bueno,
al presidente un cocido bien pesado
para que no salga del congreso,
que aquí viene gente de categoría
y no le ponemos la comida revenida.

COMPRENSIÓN AUDITIVA

2 | **Ejemplo de posible realización:**
a) La calidez de la gente es la mejor solución contra el frío.
b) Los deportes de montaña y la pesca.
c) Como alternativa, se proponen los paseos a caballo.

Transcripción:
En el extremo sur de América Latina hay una tierra donde la inmensidad reina, los contrastes nos maravillan y la calidez de la gente es la mejor arma contra el frío: Patagonia.
La Patagonia es un extremo de Argentina que abarca las provincias más australes, y sobre su margen occidental se extiende el cordón andino con elevaciones de considerable altura. Junto a las montañas, los valles, bosques y lagunas, su paisaje en general evoca una atracción inmediata difícil de ignorar. En la Patagonia, las actividades más comunes que los turistas realizan son las alpinas en sus montañas y la pesca en sus lagos.
Pero para el que no esté interesado en ninguna de las dos, le proponemos una sesión de *rafting* por uno de sus numerosos ríos. En este caso, por el río Aluminé. Seguro que no la olvidará.
Y si no le gusta el riesgo, puede optar por un paseo a caballo que, además, le servirá para conocer más de cerca la belleza natural de esta tierra. En algunos lugares de la Patagonia, el tiempo parece detenerse. Estamos en una tierra vasta, grande, pero a la vez íntima y personal.

3 | **Ejemplo de posible realización:**
El eslogan es empleado para referirse a la ciudad de Ushuaia, aunque en 1998 surgió cierta polémica con Chile en relación con la ciudad de Puerto Williams (ambas ciudades se disputaban este título).

4 | **Soluciones:**
a) (1); b) (1); c) (3); d) (1); e) (2); f) (3).

Transcripción:
Los amantes del sol y del calor van a disfrutar con el destino que hoy os hemos preparado: viajamos a Mar del Plata, una ciudad situada a 400 km de

Buenos Aires y considerada sinónimo de verano por algo: el sol brilla un día tras otro, lo que ha hecho que el turismo sea el principal modo de vida de la ciudad.

Estamos en Mar del Plata, una de las principales ciudades turísticas de la costa argentina. Atractivos no le faltan; por algo es conocida como "la perla del Atlántico", y en seguida vais a ver por qué.

Empezaremos nuestro recorrido por la zona céntrica, donde se concentra toda la actividad de la ciudad. Aquí están la mayoría de los edificios públicos más relevantes, así como galerías comerciales, teatros, hoteles y restaurantes.

La plaza de San Martín es una de las más importantes de Mar del Plata. Solo en este lugar necesitaréis mucho tiempo, porque esta plaza da para mucho. Fijaos todo lo que hay para ver. Los argentinos consideran al general San Martín como el padre de la patria. Lo encontraréis también en la plaza que lleva el mismo nombre.

La catedral se levanta en mitad de la plaza de San Martín. Es una de las tres más grandes de la provincia de Buenos Aires. Es de estilo neogótico y durante mucho tiempo fue el edificio dominante del paisaje urbano marplatense.

Ya en la plaza de Colón hacemos una parada en otra importante estatua: la de Peralta Ramos. Y decimos importante porque a él se debe el reconocimiento como pueblo de Mar del Plata.

La calle por excelencia de Mar del Plata es la peatonal San Martín. Aquí se encuentran la mayoría de las tiendas y establecimientos hoteleros. Es también el lugar por el que pasa la gente que se dirige a la playa. Como veis, una calle de lo más concurrida. Feliz viaje para todo el mundo. Mucho viaje.

FORMAS Y RECURSOS LINGÜÍSTICOS

1 | **Soluciones:**
Las frases en las que se dan impresiones y valoraciones sobre Buenos Aires son:
- Me pareció una ciudad muy bonita.
- Es verdad que se parece un poco a Madrid.
- Yo odio que haya mucha gente en los bares y tiendas y allí era lo normal.
- Me pareció una ciudad increíble.
- Nada que ver con Madrid.
- Me parece absurdo que intenten compararlas.
- Me alegro de que expresen sus impresiones sobre esta preciosa ciudad.
- Buenos Aires es mágico.

Las estructuras utilizadas son: adjetivación; estructuras V1 + complemento y V1 + *que* + V2.

2 | **Soluciones:**
a) que se cancelara; b) que cojáis; c) hacer; d) pudiera; e) que pongas; f) ver; g) que vinieras.

3 | **Ejemplo de posible realización:**
- Me encanta acudir a exposiciones sobre arte de la Antigüedad; me encanta que me den sorpresas el día de mi cumpleaños.
- Odio que me llamen por teléfono para ofrecerme productos o servicios que no necesito; odio despertarme con el ruido de los vecinos.
- Me fastidia tener clase a las 8 de la mañana; me fastidia que me digan lo que tengo que hacer.
- Me aburre tener que esperar el autobús; me aburre que en la tele repitan las mismas películas de Navidad todos los años.

4 | **Explotación didáctica:**
Los alumnos deben expresar sus opiniones utilizando los recursos explicados en la unidad. Las respuestas deberían ser similares a la dada en el ejemplo del libro del alumno. El profesor podría ampliar la actividad incrementando el número de titulares de prensa y poniendo a los estudiantes en grupos no muy numerosos.

5 | **¡Ampliación!**

SUSTANTIVOS
Recomendación, consejo, orden, advertencia, ganas, pena, alegría...

ADJETIVOS
Harto, deseoso, contento, alegre, apenado, partidario...

} Sustantivos o adjetivos que expresan influencia, gustos y sentimientos y valoraciones.

REGLAS:
Sustantivo/ adjetivo + preposición + *que* + V2 en SUBJUNTIVO cuando el V2 no se refiere a la misma persona a la que afecta el sustantivo.

Sustantivo/ adjetivo + preposición + *que* + V2 en INFINITIVO cuando el V2 se refiere a la misma persona a la que afecta el sustantivo.

6 |

Transcripción:
CLIENTE 1: El hotel me ha encantado, la verdad. Las instalaciones son muy nuevas y la piscina es increíble. Es una pena que nuestra habitación fuera interior porque las vistas del hotel son magníficas. En cuanto a la comida, había muchísimos platos para elegir. Yo soy alérgico a varios alimentos, así que no disfruté mucho de su buffet, pero me parece fantástico que haya tanta variedad. ¡Mi familia ha estado encantada! Además, el servicio ha sido siempre muy amable y ha estado dispuesto a ayudarnos en todo lo que hemos necesitado.

CLIENTE 2: Mi estancia en su hotel no ha sido como esperaba. En la recepción tramitaron mal mi reserva

unidad 4

y tuve que pasar las 2 primeras noches en una habitación estándar, cuando yo había reservado una superior. Me parece increíble que pasen cosas de este tipo. La verdad es que no volvería a su hotel ni loca.

CLIENTE 3: Pues mire, yo he venido con mi familia para pasar unos días de relax en Santander y en su hotel hemos estado muy a gusto. Nos ha encantado, sobre todo, que tuvieran una piscina en el mismo hotel, así no teníamos que ir siempre a la playa para darnos un chapuzón. El buffet libre del restaurante también estaba muy bien porque había comida para todos los gustos, pero ¡es una pena que hubiera tanta gente siempre! A veces había que hacer largas colas... Por lo demás, nuestra estancia ha sido maravillosa. No nos hemos ido todavía y ya tenemos ganas de volver.

7 | Ejemplo de posible realización:

Hotel Renasa
Datos sobre la estancia

Nº de habitación: 501.

Nº de noches: seis.

Régimen de comidas: pensión completa.

Otros servicios solicitados: lavandería.

> A continuación, haga una breve valoración sobre su estancia en el hotel: los servicios, el personal y la limpieza.
> *Me parece que el hotel está muy bien. Los servicios son buenos, aunque estaría bien que fueran un poco más rápidos (en la lavandería tardaron 3 días en darnos la ropa). El personal ha sido muy simpático con nosotros y nos ha ayudado en todo lo que hemos necesitado. Por último, me disgustó un poco que el servicio de limpieza fuera cada dos días. Sería bueno que mejoraran este aspecto.*

Muchas gracias por su colaboración y hasta pronto.

8 | Soluciones:
a) para, por; b) para; c) por, para; d) por, para; e) por, para.

EXPRESIÓN E INTERACCIÓN ORALES

4 | Explotación didáctica:
Si no se dispone de los recursos necesarios en el aula, este ejercicio puede considerarse como tarea para casa. Los textos producidos podrían leerse en clase y, entre todos, se elegiría el más apropiado o el más original.

5 | Explotación didáctica:
Este ejercicio se puede realizar en clase, siempre que se disponga de los medios informáticos necesarios. Puede hacerse de forma escrita, redactando un breve texto, o de forma oral. Si se prefiere, la actividad podría limitarse a buscar la ciudad, el paisaje o el monumento más interesante de todo el Camino.

6 | Explotación didáctica:
Antes de empezar la actividad, es fundamental aclarar el vocabulario que se presenta. Lo más importante es que los alumnos lleguen a un acuerdo entre todos, argumentando sus elecciones y utilizando, en la medida de lo posible, los recursos lingüísticos de esta unidad.

EXPRESIÓN E INTERACCIÓN ESCRITAS

3 | Soluciones:
a) trayecto; b) embarque; c) tripulación; d) equipaje; e) extraviar; f) indemnización.

En contexto:

Estándar: *me molesta que... ; me parece increíble que... ; me parece indignante que... ; me parece vergonzoso que... ; estoy de los nervios.*
Coloquiales: *me fastidia que... ; me cabrea que...; me saca de quicio que...; me saca de mis casillas que...; estoy harto; estoy que trino; estoy que ardo; estoy hasta el gorro; estoy hasta las narices.*

CULTURA

2 | Explotación didáctica:
Se podría apoyar la actividad con imágenes de mercadillos famosos del mundo: la Boquería en Barcelona, Camden en Londres, el Gran Bazar de Estambul, Hell's Kitchen en Nueva York, etc.

3 | Ejemplo de posible realización:
a) *Vender* es persuadir al comprador de que adquiera un artículo. *Regatear*, en cambio, es negociar el precio por el que se va a vender/comprar un artículo que el consumidor quiere adquirir.
b) Porque en estos lugares los artículos que se venden están libres de impuestos y, además, con el regateo, pueden conseguirse buenos precios.
c) Quiere decirse que el regateo se ha convertido en parte esencial del proceso de compra/venta, es decir, siempre que alguien va a comprar algo en un mercadillo, regatea. Lo contrario sería extraño. Lo mismo ocurre en muchos países árabes.

4 | Explotación didáctica:
Antes de hacer este ejercicio, conviene leer atentamente la información de **En contexto** para dar una idea a los alumnos sobre cómo desenvolverse en este tipo de situaciones.

UNIDAD 5
TODOS A LA MESA

PROYECTO

Explotación didáctica:
La primera actividad de toma de contacto con el tema podría ampliarse con preguntas del tipo: ¿Qué gastronomía del mundo es tu preferida? ¿Cuál es tu plato favorito? Etc.
Es aconsejable que, antes de que los alumnos se pongan a trabajar en la creación de la carta, el profesor compruebe que los países elegidos por los distintos grupos de la clase son diferentes. Esto hará que la presentación posterior sea más interesante para todos. Una vez terminada dicha presentación, se podría ampliar la actividad preguntando a los alumnos cuál ha sido la carta que les ha parecido más atractiva.

COMPRENSIÓN LECTORA

2 | **Soluciones:**
Chicharro: pez azul habitual en el Atlántico norte.
Boletus: tipo de setas que incluye más de cien especies diferentes.
Nécora: cangrejo de diez patas.
Capón: pollo de carne muy fina y sabrosa.
Lechazo: cría de la oveja que se come cuando pesa aproximadamente 10 kilos.

3 | **Ejemplo de posible realización:**
a) Marcelo Tejedor (nécoras), Toño Pérez, Jesús Sánchez (almejas), Juan Mari Arzak (percebes) y Joan Roca. Es decir, todos.
b) Según Toño Pérez, en Extremadura.
c) El cardo es tradicional del norte de España.
d) En Cataluña la familia se suele reunir en la comida del día de Navidad.
e) A la familia de Jesús Sánchez, pues comen dos lechazos.
f) La piña es la fruta más repetida en estos menús.

5 | **Ejemplo de posible realización**
La almendra y el azúcar son dos de los ingredientes principales en el turrón y el mazapán. Otros dulces clásicos de la Navidad en España son los polvorones, los mantecados y las marquesitas.

COMPRENSIÓN AUDITIVA

2 | **Soluciones:**
a) F; b) V; c) F; d) V; e) F; f) F; g) V.

Transcripción:
En el año 2001 se elaboró una paella que entró en el récord Guinness por su tamaño. La paellera con la que se cocinó el arroz se fabricó con acero y su peso era de 23.000 kilos. Su diámetro, espectacular, de 21 metros y 16 centímetros.
Los ingredientes de esta gigantesca paella, fueron 6.000 kilos de arroz, 12.000 kilos de pollo y conejo, 5.000 kilos de verduras, 1.100 litros de aceite, 275 kilos de sal, 26 kilos de colorante, 16 kilos de pimentón molido, 1 kilo de azafrán y 13.000 litros de agua.
Para calentar esta macropaella se utilizaron 30 toneladas de leña y carbón. Se empezó a elaborar hacia las 9 de la mañana y sobre las 13 horas ya estaban sirviendo las primeras raciones. Gracias a una pasarela de acero que se encontraba en el centro de la paellera, las 10 personas encargadas podían mover los ingredientes con enormes paletas. En total, unas 80 personas se encargaron de la elaboración de la paella más grande del mundo. Esta paella gigante se realizó en el madrileño barrio de Moratalaz. 110.000 personas fueron testigos del nuevo récord del libro Guinness. Según muchas de las personas que participaron, salió realmente buena. Para la próxima, nos apuntaremos a la fiesta.

3 | **Ejemplo de posible realización:**
Por ejemplo, el festival del queso rodante (en Gran Bretaña) y la batalla del vino (en Haro, una ciudad de España).

4 | **Soluciones:**
a) V; b) F; c) F; d) V; e) F.

Transcripción:
Los participantes en la Tomatina de Buñol, en Valencia, se lanzarán este año 120.000 kilos de tomates procedentes, como en otras ediciones, de la cooperativa agrícola de Xilxes, en Castellón. Este acto tendrá lugar, como marca la tradición, el último miércoles de agosto, en esta ocasión el día 31.
El alcalde, Rafael Pérez, ha indicado que se prevé que tomen parte de esta celebración entre 35.000 y 40.000 personas de procedencia muy diversa,

unidad 5

tanto de la Comunidad Valenciana, como de otras zonas de España y de otros países, especialmente de Japón, Australia e India, donde la Tomatina está despertando gran expectación. También ha recordado que esta festividad ha sido en 2011 la protagonista de una película de Bollywood y que para su rodaje se organizó en Buñol el pasado mes de febrero una Tomatina extra.

Respecto al número de participantes, Pérez ha destacado que el pasado año se alcanzó una cifra récord con la asistencia de 44.000 personas y ha comentado que este año se estima que esta sea menor y que se mueva entre los 35.000 y 40.000 asistentes habituales, teniendo en cuenta que la Tomatina tendrá lugar el último día de agosto, coincidiendo con el final de muchas vacaciones.

Este festejo tiene sus orígenes en 1945, en la pelea que un grupo de jóvenes inició lanzándose tomates. A partir de entonces, cada año se fue repitiendo esta escena hasta dar lugar a la conocida festividad.

La Tomatina tendrá lugar en la zona habitual, entre las calles San Luis y la Avenida Diputación de Buñol. Se trata de un itinerario que recorrerán los cinco camiones con bañera de gran tonelaje que transportan el tomate. El concejal de Comunicación ha explicado que sobre estos vehículos viajarán aproximadamente 150 personas (unas 30 por camión) que se encargarán de repartir esta hortaliza entre los asistentes.

Por otro lado, se habilitarán en cuatro o cinco zonas del municipio espacios para instalar duchas para que los asistentes a la Tomatina puedan lavarse cuando concluya. El alcalde ha agregado que para ello se contará también con las mangueras que el Ayuntamiento y los vecinos de la ciudad ofrecen a los participantes. Además, Pérez ha recordado que muchos de ellos acuden al río Buñol para refrescarse tras el festejo.

6 | Soluciones:

b) tomate; c) pimiento, espárragos; d) calabazas; e) sopa; f) fideo; g) flan; h) patata, castañas; i) leche; j) peras; k) ajos; l) lechuga.

7 | Ejemplo de posible realización:

b) Cuando Carlos quiso invitarla a cenar, Laura se puso roja de la vergüenza.
c) No me importa nada lo que piensen de mí. ¡Que me dejen en paz!
d) Finalmente me atreví a decirle a Alicia que la quería, pero ella me dijo que no sentía lo mismo. ¡Fue la peor sensación mi vida!
e) Enrique estaba de camino cuando empezó a llover, ¡habrá llegado a casa empapado!
f) Roberto está delgadísimo. Come poquísimo ese chaval.
g) En su último examen Raquel tenía tanto miedo que temblaba y estaba muy nerviosa.
h) Nadie quería hacerse cargo del asunto: se lo quitaban de encima en cuanto podían, hasta que llegué yo a solucionar el asunto, como siempre.
i) Ayer por la noche el suelo de la Plaza Mayor estaba mojado y Javi resbaló y se dio un golpe. ¡Fue graciosísimo!
j) Es imposible que yo saque mejor nota que Lorena en el examen de lengua. ¡No se me puede exigir más!
k) Si te has tomado mal que no te inviten, es porque algo habrás hecho.
l) Después de haber descansado todo el fin de semana, el lunes me levanté para ir a trabajar lleno de energía.

FORMAS Y RECURSOS LINGÜÍSTICOS

1 | Ejemplo de posible realización:

Radioyente 1 - Raúl: piensa que el restaurante es pequeño (por lo que tuvieron que esperar un buen rato para sentarse a una mesa), la comida es normal (ni muy buena ni muy mala) y el precio es caro.

Radioyente 2 - Maddalena: recomienda este restaurante porque, a pesar de que el precio no es muy económico, la calidad es buenísima.

Radioyente 3 - Antonio: piensa que la relación calidad-precio es buena.

Transcripción:

LOCUTOR DE RADIO: Buenos días a todos nuestros radioyentes. En nuestro programa de hoy les pedimos su opinión sobre "Pura gula", el nuevo restaurante de comida italiana que ha abierto en la calle Van Dyck de Salamanca. Les animamos a que nos llamen y nos den sus impresiones.
Tenemos a nuestro primer radioyente. Buenos días, ¿con quién hablo?
RADIOYENTE 1: Hola, buenos días. Soy Raúl.
LOCUTOR DE RADIO: Hola, Raúl. Díganos, ¿ha estado ya en el nuevo restaurante de la calle Van Dyck?
RADIOYENTE 1: Sí, estuve el fin de semana pasado.
LOCUTOR DE RADIO: Y, ¿qué le pareció?
RADIOYENTE 1: Pues, bueno... Unos amigos míos me lo recomendaron, me dijeron que la comida estaba buenísima y que el precio estaba bien. Mi impresión fue otra. El restaurante no es muy grande y tuvimos que esperar bastante para poder

sentarnos en una mesa. Después, la comida estaba buena, pero tampoco exquisita y en cuanto al precio... no fue tan barato. Mi novia y yo tomamos una ensalada, una pizza napolitana, una lasaña de verduras y un vino de la casa por 60 euros.
LOCUTOR DE RADIO: Muchas gracias por darnos su opinión, Raúl.
LOCUTOR DE RADIO: Tenemos otra llamada. Hola, buenos días.
RADIOYENTE 2: Buenos días.
LOCUTOR DE RADIO: ¿Cuál es su nombre?
RADIOYENTE 2: Soy Maddalena.
LOCUTOR DE RADIO: Muy bien, Maddalena. Cuéntenos su opinión sobre el restaurante "Pura gula"
RADIOYENTE 2: Bueno, como pueden deducir por mi nombre, soy italiana. Llevo mucho tiempo buscando un buen restaurante italiano, que realmente prepare las cosas como lo hacemos en Italia. Entonces, decidí probar con este nuevo sitio. Tengo que decir que no estoy de acuerdo con el chico que ha intervenido hace un momento. Puede que el precio no sea muy económico, pero la calidad es inmejorable. Yo también probé la pizza napolitana y estaba realmente increíble, puramente italiana. Yo sí recomendaría este restaurante.
LOCUTOR DE RADIO: Muchas gracias por su opinión, Maddalena.
RADIOYENTE 2: De nada.
LOCUTOR DE RADIO: Y, bueno, tenemos ya en antena a nuestro último radioyente. Buenos días, ¿con quién hablo?
RADIOYENTE 3: Hola, buenos días. Soy Antonio.
LOCUTOR DE RADIO: Hola, Antonio. Cuéntenos su opinión.
RADIOYENTE 3: Sí. Yo estuve el jueves con unos compañeros de clase y la verdad que no nos tocó esperar mucho para que nos pasaran a una mesa. Quizás el fin de semana esté más lleno de gente. La comida está muy muy buena, aunque es verdad que el precio es un poco elevado. Nosotros éramos cuatro personas y pedimos un plato de pasta diferente cada uno y un refresco y pagamos 85 euros. De todas maneras, pienso que la relación calidad-precio es buena, aunque no es un lugar para ir todos los días a cenar, ya me entiendes.
LOCUTOR DE RADIO: Muy bien, muchas gracias por llamar, Antonio. Y muchas gracias a todos ustedes por acompañarnos un día más.

2 | **Explotación didáctica:**
Este ejercicio pretende que los alumnos utilicen los exponentes estudiados para discutir sobre un tema de la vida real: la renovación de un bar de tapas. El profesor puede introducir el tema preguntando a sus estudiantes si han estado alguna vez en este tipo de establecimiento y qué tomaron allí.

3 | **Soluciones:**
1. Gambas al ajillo (gambas, ajo, perejil).
2. Pulpo a la gallega (pulpo, patata, aceite, pimentón).
3. Huevos rotos (huevos, patatas, pimentón).
4. Boquerones en vinagre (boquerones, ajo, perejil, aceite, vinagre).
5. Tortilla de patatas (huevos, patatas, cebolla).
6. Pincho moruno (carne, especias).

4 | **Explotación didáctica:**
Para que este ejercicio sea productivo, es importante que el profesor, antes de pedir a sus alumnos que lean el texto, haga hincapié en los personajes. Se podrían plantear preguntas como ¿qué pensarán de la gastronomía estas personas?, ¿qué vinculación tienen con la gastronomía?, etc. También sería bueno que se leyera el ejemplo para que los estudiantes entendieran qué se espera que hagan y que se revisara la información de **En contexto**, que presenta expresiones útiles.

5 | **Ejemplo de posible realización:**
- Está claro que el español es una de las lenguas más habladas del mundo.
- Tengo la certeza absoluta de que la Tierra gira alrededor del Sol.
- Estoy convencido de que España seguirá siendo uno de los países con mayor atractivo turístico del mundo.

6 | **Soluciones:**
a) que es, que cerrara, venir; b) que te la lleven, cocinar; c) estaba, que la ayudara, que pidiera; d) contarte, que está, que esté, que es, que sea, que no necesite.

7 | **Ejemplo de posible realización:**
a) No sabes lo que he escuchado hoy en el bar. Antonio, el dueño de la panadería de al lado, estaba tomándose un café y le ha dicho a otro cliente que había oído por ahí que el bar iba a cerrar. El hombre pensaba que era mentira. Comentó que el negocio no estaba en su mejor momento, pero que la clientela fija podría salvarlo. Además, dijo que le daba pena que cerrara porque se había acostumbrado a ir los fines de semana con su familia. ¡Imagínate! Él, que siempre se está quejando del servicio...

unidad 5

EXPRESIÓN E INTERACCIÓN ORALES

2 | Explotación didáctica:
En el desarrollo de la actividad, hay que intentar orientar el debate hacia los temas propuestos para que los alumnos razonen sobre ellos desde una perspectiva intercultural. Para la argumentación, se tienen que utilizar los recursos de **En contexto**.

3 | Explotación didáctica:
Si la actividad se realiza en clase, el profesor podría llevar como ejemplo la historia de las tapas de forma impresa. Si no, puede tratarse de una buena tarea para casa.

4 | Explotación didáctica:
En el caso de que a los alumnos no se les ocurriera ninguna tapa original, se podría modificar el ejercicio haciendo que describieran la imagen de un pincho o que, a partir de un nombre, se inventaran sus ingredientes.

En contexto:
Para expresar acuerdo
Más formales: *efectivamente; somos de la misma opinión; es innegable; eso no hay quien lo niegue; exacto; no hay duda de que...; desde luego; por supuesto que sí; me sumo a la opinión de...; tienes razón.*
Menos formales: *claro; pues sí; y yo.*
Para expresar desacuerdo
Más formales: *no estoy de acuerdo con...; no me convence lo de...; no creo.*
Menos formales: *eso no tiene ni pies ni cabeza; porque tú lo digas; ¡venga ya!; a mí eso me parece una tontería; ni de broma.*

EXPRESIÓN E INTERACCIÓN ESCRITAS

2 | Ejemplo de posible realización:
Pros: los transgénicos pueden resistir plagas; pueden aguantar mejor la sequía; pueden tolerar mejor algunos herbicidas; todavía no se ha producido ningún incidente comprobado.
Contras: los transgénicos incrementan el uso de tóxicos en la agricultura; fomentan la pérdida de la biodiversidad; tienen riesgos que no están todavía evaluados; producen daños irreversibles.

3 | Explotación didáctica:
Es importante que los alumnos se fijen en **Estrategia** y que rellenen correctamente el esquema con los elementos requeridos para llevar a cabo, solo en un segundo momento, la redacción del texto. Los ejercicios anteriores y **Tarea** están diseñados para que el estudiante pueda desarrollar una opinión fundamentada, utilizando las formas y recursos lingüísticos de la unidad.

CULTURA

1 | Explotación didáctica:
En caso de que las preguntas que se plantean en este primer ejercicio no propiciaran la puesta en común de diversas opiniones, el profesor podría pedir a sus alumnos que describieran cómo sería una cena típica entre amigos o compañeros de trabajo en su país.

2 | Explotación didáctica:
El ejercicio pretende hacer que el alumno tome conciencia de los choques culturales que puede sufrir en un país de habla hispana. Se recomienda que, tras responder a las preguntas correspondientes a cada texto, se plantee al alumno la cuestión de cómo se habría desarrollado esa situación en su cultura. Con la puesta en común de los distintos hábitos se trabaja la interculturalidad.

4 | Ejemplo de posible realización:
a) [Opinión personal].
b) La gastronomía de Chile nace como fruto de múltiples influencias, entre ellas la mapuche y la española.
c) Alguno de los ingredientes más abundantes en esta gastronomía son las carnes de diverso tipo, la patata y el choclo o maíz.

5 | Más ideas:
Una vez que los alumnos hayan redactado el texto, sería interesante intercambiar las distintas redacciones entre los estudiantes. Además, podría votarse cuál es la gastronomía más atractiva.

UNIDAD 6
Y TÚ, ¿DÓNDE VIVES?

PROYECTO

Explotación didáctica:
Antes de comentar los distintos pasos a seguir en la realización del proyecto, sería conveniente que se activara el léxico referente a los distintos lugares de interés práctico de una ciudad (correos, estación de autobuses, ayuntamiento, comisaría de policía, etc.) y que se llevaran algunos folletos reales a la clase. Una vez presentadas todas las guías prácticas, se podría realizar una votación para determinar cuál es la mejor guía y por qué.

COMPRENSIÓN LECTORA

3 | **Ejemplo de posible realización:**
   a) En el campo solo ocasionalmente nos encontramos con ruidos molestos, aunque los ruidos nocturnos pueden incomodar hasta que uno se acostumbra.
   b) En el campo es más complicado hacer vida nocturna, aunque en los pueblos cuando hay fiesta suele ser memorable y es más fácil conocer a tus vecinos y relacionarte con ellos.
   c) En la ciudad hay un ritmo de vida más dinámico y con mayores inquietudes, aunque no siempre hay tiempo ni dinero para disfrutar de todo eso.
   d) En la ciudad oiremos el ruido de sirenas, obras, vecinos, etc., aunque uno al final se acostumbra a todo el bullicio. Además, no es a todas horas.

4 | **Ejemplo de posible realización:**
   De antemano: con anticipación.
   Interurbano: servicio, relación o vía entre dos poblaciones.
   Jubilado: que ha superado la vida laboral activa y ya no debe trabajar.
   Ajetreo: exceso de trabajo, molestias, etc.
   Bucle: ciclo (también puede referirse a un rizo del pelo).

7 | **Explotación didáctica:**
   Deben prepararse varias imágenes y anuncios de casas que sirvan como base de información compartida para que los estudiantes puedan realizar esta actividad.

COMPRENSIÓN AUDITIVA

2 | **Ejemplo de posible realización:**
   Con la domótica se pueden ajustar parámetros para abrir o cerrar las persianas y aprovechar la luz solar, programar la limpieza del hogar e incluso el funcionamiento de la televisión o la radio en toda la casa.

3 | **Ejemplo de posible realización:**
   a) Mercedes Sala es la coordinadora del proyecto "Ciudad del Futuro".
   b) Las casa privadas son los inmuebles que más abundan en la ciudad.
   c) Porque las viviendas particulares suponen un 18% del consumo de energía final.
   d) Porque la tecnología será el motor del futuro, gracias también al conocido como "internet de las cosas". Además, contribuye a la disminución del consumo energético y de la huella de carbono.
   e) El sistema avisa al usuario, por ejemplo recomendando al propietario que apague ciertos electrodomésticos.

Transcripción:
LOCUTORA: En pocos años, nuestras viviendas tendrán la capacidad de avisarnos sobre qué electrodoméstico no funciona bien o gasta demasiado, o de gestionar el consumo de agua de una manera óptima. Con este fin se puso en marcha hace unos meses el proyecto "Ciudad del Futuro", integrado por multinacionales españolas, que dispone de un presupuesto de 16,3 millones de euros para diseñar la ciudad que habitaremos en la próxima década. Mercedes Sala, la coordinadora del proyecto, nos lo explica.
MERCEDES: Se trata de construir un espacio urbano que, para empezar, ahorre el 20% en emisiones al medioambiente, produzca un 20% de energía renovable y mejore en un 20% la eficiencia energética. Trabajamos en los espacios públicos y sobre todo privados: para nosotros, la vivienda tiene un protagonismo fundamental.
LOCUTORA: No en vano, las casas privadas son lo que más abunda en la ciudad. Así nos lo explicaba Juan Herranz, director de investigación, desarrollo e innovación.
JUAN: Los pisos son los inmuebles más abundantes en cualquier urbe, y a su vez, los que disponen de menor automatización. Las nuevas aplicaciones en la vivienda contribuirán activamente a la adopción de patrones de conducta más racionales

unidad 6

con un impacto muy positivo en términos de confort y economía familiar.
LOCUTORA: Además, la importancia de los hogares en este proyecto radica en que suponen casi un 18% del consumo de energía final, según los datos consultados en el *Informe Anual de Consumos Energéticos*. Por ello, todas las mejoras que pueden aplicarse desde el punto de vista energético, contribuyen a la disminución del consumo energético y de la huella de carbono en las ciudades.
LOCUTORA: El concepto de "Ciudad del Futuro" no se puede entender sin destacar el protagonismo de la tecnología. Ya actualmente tiene una relevancia indiscutible, pero se pretende dar un paso más allá y llegar al 'internet de las cosas'. ¿Qué significa esto? Mercedes Sala nos lo ha explicado.
MERCEDES: Se trata de hacer que cualquier objeto físico sea una parte activa de la red. Se espera, de esta manera, que la tecnología sea el motor del futuro. Por eso es conveniente que, desde el ámbito más cotidiano, el ciudadano, verdadero promotor de la transformación urbana, se familiarice con estos avances.
JUAN: Como posibles soluciones se estudian los hogares digitales que, mediante domótica, facilitan la gestión y el mantenimiento de los sistemas instalados en la vivienda. Serán aplicaciones que avisen al inquilino en caso de que se detecten consumos inusuales dentro de su casa e incluso le recomienden qué electrodoméstico apagar para disminuirlo.
LOCUTORA: Aunque aún les queda mucho trabajo por delante, lo importante será aprovechar las nuevas tecnologías, que se combinen con las ciudades y sus ciudadanos, para optimizar nuestros recursos y mejorar nuestras vidas. El mundo de internet y la conexión a 'todo' solo acaba de comenzar.

4 | Soluciones:
a) 16,3 millones de euros; b) 20%; c) 18%.

5 | Ejemplo de posible realización:
a) Se trata de que cualquier objeto sea una parte activa de la red.
b) Juan propone usar la domótica para mejorar la gestión y el mantenimiento de los sistemas. [Opinión personal].

6 | *Parte 1.*
Soluciones:
urbe – ciudad; plano – mapa; cloaca – alcantarilla; manzana – cuadra; banco – asiento; calle – rúa.

Parte 2.
Ejemplo de posible realización:
Urbe: ciudad especialmente poblada.
Ciudad: núcleo poblacional de cierta extensión y de ubicación no rural.
Plano: representación esquemática y a escala de un lugar (por ejemplo, el plano de Madrid).
Mapa: representación geográfica y a escala de un lugar (por ejemplo, un mapa de España).
Cloaca: conducto por el que circulan aguas sucias.
Alcantarilla: entrada al conducto por el que circulan aguas sucias o ese mismo conducto.
Manzana: espacio urbano, generalmente rectangular, delimitado por calles.
Cuadra: espacio urbano, generalmente rectangular, delimitado por calles.
Banco: espacio público para sentarse con capacidad para varias personas.
Asiento: espacio individual para sentarse, por ejemplo en un medio de transporte.
Calle: vía entre edificios o solares en un espacio urbano.
Rúa: calle de un pueblo.

FORMAS Y RECURSOS LINGÜÍSTICOS

1 | Ejemplo de posible realización:
Luis: Ana, ¿te pasa algo? Es que hoy te noto muy rara.
Ana: ¿Todavía tienes la cara de preguntármelo? Estoy harta de ti, así ya no se puede convivir. Si vuelves a hacer algo parecido, ¡esto se acaba!
Luis: Pero, Ana, ¿qué te he hecho yo? ¿Algo tan grave como para que te pongas así? No entiendo esta reacción.

2 | Soluciones:
a) pedir una opinión, dar un consejo; b) pedir una información, dar una recomendación; c) hacer una advertencia, agradecer algo; d) informar de algo, hacer una proposición.

3 | Ejemplo de posible realización:
a) Daniel le comentó a Clara que no sabía si aceptar el puesto de comercial porque, por una parte, le venía bien el dinero, pero, por otra, prefería trabajar de aquello para lo que había estudiado. Como no sabía qué hacer, le pidió consejo a Clara. Esta le aconsejó que aceptara el trabajo porque podría dejarlo más adelante si encontraba algo mejor.
b) Clara le preguntó a Daniel si tenía la clave de internet de la cafetería porque necesitaba mirar unas cosas. Daniel no la tenía, así que le sugirió que se la pidiera al camarero.
c) Daniel le advirtió a Clara de que, si cogía el coche aquel día, tuviera en cuenta que las calles del

centro estaban cortadas por la marcha solidaria. Clara le agradeció que se lo hubiera recordado.

d) Clara le comentó a Daniel que había una tienda nueva en el centro comercial "El Tormes". Le dijo que había estado el día anterior y que tenía cosas muy bonitas y no muy caras. A Daniel le entró la curiosidad de ir y le pidió a Clara que le acompañara aquella tarde para echar un vistazo.

4 | Ejemplo de posible realización:
- Me pidió que fuera hoy por la mañana para ayudarla con la mudanza. Dijo que ibas a echarle una mano tú, pero que como estabais enfadados...
- Me contó que se le había perdido el carné de la biblioteca y que era justo ahora cuando más necesitaba sacar libros.
- Me contó que este fin de semana se iba a ir a Bilbao a ver a dos amigas.
- Me pidió que te preguntara qué tal estabas, sin decirte que ella me lo había pedido, claro.
- Me dijo que te echó mucho de menos en el concierto de antes de ayer.

5 | *Parte 1.*

Ejemplo de posible realización:
Ana: No te hagas el inocente, ¡encima! Me dijiste que te ibas a ocupar del perro, que lo ibas a sacar a pasear y lo ibas a lavar. Cuando he llegado a casa con mi compañera de trabajo, el perro había hecho pis al lado de la puerta y mi compañera ha pisado el charco. He pasado una vergüenza terrible. Encima olía fatal la casa... ¡Qué habrá pensado de nosotros!
Daniel: Lo siento, Ana. Se me olvidó por completo...
Ana: Como siempre... pero esta vez es la última que te lo advierto: o cumples tus responsabilidades en casa o ¡esto se acaba!

Parte 2.

Ejemplo de posible realización:
Ana le pidió que no se hiciera el inocente. Le recriminó que él le había dicho que se iba a ocupar del perro, que lo iba a sacar a pasear y lo iba a limpiar, pero que no lo había hecho. Le contó, además, que cuando llegó a casa con su compañera de trabajo, el perro había hecho pis al lado de la puerta y que su compañera lo había pisado. Le dijo que había pasado una vergüenza terrible porque, además, la casa olía fatal. Daniel le pidió disculpas y le dijo que se le había olvidado por completo. Ana, muy cabreada, le advirtió que o cumplía sus responsabilidades, o su relación se acababa.

6 | *Parte 1.*

Ejemplo de posible realización:
Amigo 1: Buenos días, agente. ¿Ocurre algo?
Policía: ¿Que si ocurre algo? ¿Ustedes no se han dado cuenta de que están conduciendo sin matrícula trasera?
Amigo 1: ¿Qué me dice?
Amigo 2: Disculpe, agente, pero no nos habíamos dado cuenta. Hemos tenido que perderla hace poco tiempo, porque esta mañana sí la teníamos.
Policía: ¿Me permiten ver los papeles del coche?
Amigo 1: Claro, claro. Aquí tiene.
Policía: Muy bien, esta todo en orden. Pues, sin que sirva de precedente, voy a dejarles marchar sin ponerles una multa, pero compren una nueva matrícula lo antes posible.
Amigo 2: Muchísimas gracias, agente, así lo haremos.

Parte 2.

Ejemplo de realización:
Ayer escuché a mis vecinos decir que les había parado la policía. Por lo visto, el agente les dijo que si no se habían dado cuenta de que estaban conduciendo sin matrícula trasera. Ellos le pidieron disculpas, le dijeron que no se habían dado cuenta y que tenían que haberla perdido hacía poco. Para asegurarse de que el coche era suyo, el policía les pidió que le mostraran los papeles y mis vecinos se los dieron sin rechistar. Cuando el agente vio que todo estaba en orden, les dijo que podían marcharse y les aconsejó que reemplazaran la matrícula lo antes posible. Ellos le dieron las gracias y se marcharon.

EXPRESIÓN E INTERACCIÓN ORALES

2 |

Transcripción:
JUAN: Buenas tardes. Bienvenidos a todos. Vamos a dar comienzo a la junta extraordinaria.
VICENTA: ¡Faltan los nuevos!
JUAN: Bueno, pero somos suficientes propietarios para que la votación sea válida, así que vamos a empezar.
EMILIO: Apaguen sus teléfonos móviles y no fumen. Para hablar, levanten la mano. Y para insultar, también me la levantan.
JUAN: Orden del día. Punto primero. Votación para...
LUCÍA: Buenas noches. Perdón, perdón por el retraso, eh...
ROBERTO: Hola, buenas noches.
VECINOS: Hola / Buenas noches.
MARISA: ¡Qué mona va esta chica siempre!
JUAN: Continúo. Punto primero. Votación para ejercer la acción de cesación y requerir formalmente al propietario del tercero A para que detenga la

unidad 6

actividad molesta, insalubre y nociva que viene desarrollando en su vivienda y que impide el normal desenvolvimiento de la convivencia en esta nuestra comunidad.
CONCHA: Pero bueno, ¿no veníamos a hablar de las obras?
PALOMA: ¡Pero si esto es lo que ha dicho! Que vamos a votar todos para que paren las obras.
MARISA: ¡Qué mal se explica tu marido!
CONCHA: Lo hace a posta, para que no le entendamos.
PALOMA: Ya empezamos...
JUAN: Queridos convecinos, como sabéis, desde hace una semana tenemos unos nuevos vecinos que han decidido echarle un pulso a esta comunidad. Sin avisar a nadie, han iniciado unas obras de reforma que nos molestan a todos y que ponen en peligro la seguridad del edificio.
LUCÍA: ¡Eso es mentira!
EMILIO: Por favor, un respeto, que está hablando el presidente.
JUAN: Con la ley de propiedad horizontal en la mano, os digo que si votamos a favor de que se paren las obras, se paran las obras. O eso, ¡o vamos a los tribunales! Así que vamos a votar. Emilio, ve contando los votos.
EMILIO: Sí, señor presidente.
JUAN: Votos a favor de que se pare la obra.
EMILIO: Uno.
JUAN: Bueno, vamos... vamos a ver, que... que creo que no me habéis entendido bien. He dicho: los que estén a favor –a favor, eh– de que se paren las obras, que levanten la mano.
EMILIO: Uno, uno.
JUAN: Ya, ya. Ya lo veo, ya. Bueno, pero os habéis quejado todos, ¿nadie va a levantar la mano? Hombre, Vicenta, gracias. Dos votos a favor.
VICENTA: No, no, que dónde está el baño.
PALOMA: El baño está ahí al fondo, a la derecha.
VICENTA: Es por si luego tienes ganas.
MARISA: Gracias.
JUAN: Bueno, a ver: votos en contra.
CONCHA: Yo tengo dos votos, lo recuerdo.
EMILIO: Uno, dos, tres... todos.
JUAN: Bueno, yo no entiendo nada. ¿Se puede saber qué está pasando aquí?
VICENTA: Pobrecitos, pues tampoco molestan tanto.
ARMANDO: Yo ya me había acostumbrado a los ruidos.
CONCHA: Yo no, pero la parabólica no me la toca nadie.
JUAN: Ah, o sea, que os habéis vendido, ¿eh? ¡Habéis cedido al chantaje y las amenazas de aquella mujer!
PALOMA: ¡Qué vergüenza! ¡Es indignante!
LUCÍA: Lo que es indignante es que se le de tanta importancia a nuestras obras cuando me parece mucho más grave el estado del edificio o la mala gestión de la comunidad.
JUAN: ¿Sí? Bueno, eso está muy bien pero suena a demagogias porque no figura en el orden del día.
MARISA: La chica tiene razón, las escaleras están fatal, el otro día por poco me mato.
VICENTA. ¡Y a mí el telefonillo me da calambre!
ARMANDO: Si ya lo dijeron, que la instalación eléctrica había que cambiarla.
CONCHA: ¡Si el día menos pensado se incendia el edificio y morimos todos carbonizados! ¡Si nos van a tener que identificar por los dientes!
VICENTA: Esta no tiene.
JUAN: Bueno, vamos a ver, que esto ya lo hemos hablado y es verdad que hay que hacer cosas, pero es que ahora no hay dinero.
ARMANDO: ¿Y dónde está?
CONCHA: En el nuevo coche que se han comprado.
PALOMA: ¡Pero oiga, señora!
JUAN: Un momento, ¿se está dudando de mi honestidad?
EMILIO: Yo creo que sí, eh.
PALOMA: ¡Se está dudando, se está dudando!
LUCÍA: Pero ¿por qué no se contrata a un administrador? ¿Eh? Como hace todo el mundo... A lo mejor usted no lleva bien las cuentas.
CONCHA: ¡Chorizo!
ARMANDO: Bueno, mamá...
JUAN: En doce años que llevo de presidente, jamás había oído nada parecido.
LUCÍA: ¿Doce años?
JUAN: Doce años.
LUCÍA: Pero ¿aquí no se elige presidente cada año?
VECINO: ¡Sí, hombre! / Qué va, toda la vida él.
PALOMA: Mi marido es el único que se presenta todos los años voluntario.
LUCÍA: Ah, bueno, yo me ofrezco voluntaria.
VECINOS: Ah, ¡qué bien! /Mira, mira.
LUCÍA: A lo mejor lo que necesita la comunidad es un cambio.
JUAN: Que conste que yo no pienso dimitir, ¿eh? Yo creo sinceramente que mi labor ha sido...
CONCHA: ¡Cállese, señor Cuesta! ¡Váyase!
PALOMA: Pero ¿cómo vamos a votar a esta chica si no la conocemos de nada?
MARISA: Si arreglas la escalera, yo te voto.

ARMANDO: Bueno, yo también. A condición de dejar mi parabólica donde está, eso sí.
LUCÍA: No, pero lo que hay que hacer es poner una para todos en la azotea, que es más barato. Y yo llamo a la empresa de mi padre y nos pintan el edificio por la mitad de precio.
JUAN: ¡Orden! ¡Orden! ¡Se suspende la junta! ¡Se suspende la junta!
VICENTA: ¿Por qué no empezamos por votar a la chica?
JUAN: Porque no figura en el orden del día. ¡Se suspende la junta!
VICENTA: ¿Y los ruegos y preguntas?
JUAN: ¡No hay ruegos ni preguntas!
VICENTA: ¡Siempre hay ruegos y preguntas!
JUAN: ¡Fuera todo el mundo!
CONCHA: ¡Se te acabó el choriceo!
EMILIO: ¡A ti sí que se te ha acabado! Venga ya... choriceo...
PALOMA: No te preocupes de nada, Juan. ¡Tú no te preocupes de nada!
EMILIO: Bueno, ¿ha ido bien, no, señor presidente?

2 | **Ejemplo de posible realización:**
   a) Los nuevos inquilinos han empezado unas obras de reforma de su piso que molestan a los demás vecinos.
   b) Las escaleras de la comunidad están en mal estado, el telefonillo de una vecina da calambre y la instalación eléctrica está obsoleta.
   c) La nueva inquilina propone primero, contratar a un administrador externo, luego, se ofrece voluntaria para sustituir al presidente y es apoyada por los demás vecinos. Propone poner una parabólica común en la azotea y pintar el edificio.
   d) El presidente suspende la reunión.

3 | **Explotación didáctica**
   Para que los alumnos se vayan preparando, sería adecuado leer en voz alta la descripción de todos los personajes y aclarar las dudas que puedan surgir. En la reunión, no se tiene que llegar a una conclusión o solución definitiva de los problemas; el profesor puede poner un límite máximo de tiempo para el desarrollo de la actividad (por ejemplo, 15-20 minutos). Es importante que los estudiantes utilicen correctamente los recursos de **En contexto**. Si hubiera muchos estudiantes en clase, se podría representar la reunión en distintas sesiones, cambiando los personajes.

4 | **Explotación didáctica**
   No hace falta insistir demasiado en la tipología textual. Lo que se pretende es que los alumnos presten atención a los argumentos de los compañeros en la actividad anterior. Por esta razón, lo mejor es que redacten un esquema.

5 | **Explotación didáctica**
   Este ejercicio implica una reflexión metalingüística por parte de los alumnos, que tendrán que centrarse no solo en los recursos formales, sino también en los pragmático-semánticos de sus redacciones y en la función expresiva del lenguaje, por ejemplo la adjetivación del texto, la elección de unos u otros verbos para introducir el discurso indirecto, etc.

En contexto
Otros recursos podrían ser los que se utilizan para invitar al acuerdo (*¿No os parece? / ¿No creéis que...?*) o mostrar escepticismo (*Ya, ya... / Si tú lo dices... / Yo no lo veo tan claro*).

EXPRESIÓN E INTERACCIÓN ESCRITAS

2 | **Explotación didáctica:**
   Este ejercicio pretende recapitular los puntos a favor y en contra del intercambio de viviendas formulados en la primera actividad y ampliados en la **Tarea**.

3 | **Explotación didáctica:**
   Si la actividad no se quiere realizar en una única sesión de clase, se podría pedir a los alumnos que mandaran los anuncios al profesor por correo electrónico. También la segunda parte de la negociación se podría tramitar de esta manera.

CULTURA

2 | **Soluciones:**
   Coche (España) = auto (México) = carro (algunas zonas de América).
   Colectivo (Argentina, Bolivia, Ecuador, Paraguay y Perú) = guagua (Islas Canarias) = autobús (península ibérica).

Transcripción:
Hoy vamos a hablar de las variedades del español. Como ya hemos comentado anteriormente, el español es una de las lenguas más habladas del mundo. En la actualidad es la lengua materna de más de 400 millones de personas y ocupa una extensión geográfica amplísima, que engloba principalmente España y gran parte del territorio de América central y del sur. Al igual que ocurre con otras lenguas, el español es una lengua variable. ¿Qué quiere decir esto? Esto quiere decir que no hablará exactamente el mismo español una persona originaria de Madrid que otra procedente de Buenos Aires, por citar un ejemplo. Entre las

unidad 6

causas de la variación de las lenguas se encuentran el desarrollo histórico de las distintas comunidades, la distancia geográfica, la influencia de las lenguas del entorno y muchas otras.

Un buen ejemplo de las diferencias, en este caso, léxicas entre los hablantes de español de las distintas zonas lo encontramos en el vocabulario referente a los medios de transporte. De este modo, mientras que un madrileño utilizaría la palabra *coche* para designar el vehículo de tamaño pequeño o mediano que se utiliza para transportar a las personas, en México utilizarían la palabra *auto* y en otras zonas de América preferirían *carro*. Algo parecido ocurre con las palabras que se utilizan para nombrar el vehículo de gran capacidad destinado también al transporte de personas. En el español peninsular se suele utilizar la palabra *autobús*, en las Islas Canarias se emplea *guagua* y en Argentina, Bolivia, Ecuador, Paraguay y Perú se prefiere la palabra *colectivo*.

A pesar de todas estas diferencias, no debemos olvidar que el español es una lengua bastante uniforme y que no existen grandes dificultades de comprensión entre los hablantes de las distintas zonas.

- Por lo general, los españoles ven una media de 2 horas de tele al día.
- Baja al súper y compra canela para hacer las torrijas.
- Hoy es la presentación de la nueva peli de Almodóvar en Madrid. Ojalá pudiera ir.
- El profe de Derecho está enfermo y nos han puesto un sustituto.
- En época de exámenes no hay quien encuentre un sitio en la biblio.
- En verano me hice una foto con Rafa Nadal en Mallorca. Sale guapísimo.

3 | Ejemplo de posible realización:
a) Algunas de las ventajas de este medio de transporte son que es sostenible, que humaniza las ciudades, que combate el sedentarismo, que suele ser divertido y que proporciona una sensación de libertad.
b) Algunos de los inconvenientes del uso de la bicicleta en las ciudades son que en ocasiones los ciclistas tienen que andar por la calzada interfiriendo en el tráfico y que otras veces deben compartir las calles con los peatones. Todo ello produce molestias y resulta peligroso.
c) Aunque este medio de transporte se está abriendo paso en las grandes urbes, pocas ciudades españolas están bien adaptadas para su utilización.

4 | *Parte 1.*

Soluciones:
Insti; uni; cole; pelu; tele; súper; peli; profe; biblio; foto.

Parte 2.

Ejemplo de posible realización:
- Es en el insti donde se hacen los verdaderos amigos.
- En la uni los profesores suelen ser muy exigentes.
- Mi primo pequeño ha empezado a ir al cole esta semana. Está encantado.
- Tengo que ir a la pelu para teñirme otra vez, tengo unas raíces...

UNIDAD 7
DE TECLA EN TECLA

PROYECTO

Explotación didáctica:
Los textos wiki son, en esencia, textos enciclopédicos. Si no es posible disponer de los materiales técnicos ni del acceso a internet en el aula, la tarea puede realizarse sobre papel. En este caso, será importante que no se alteren ni modifiquen los documentos que se generen en cada una de las fases del proyecto para poder comparar, una vez se haya terminado, el texto inicial con el resultado final. El uso de la wiki se puede proponer para realizar apuntes colectivos, pues colaborativamente los alumnos pueden conseguir un resumen de los aspectos teóricos tratados en clase y ver la evolución de su proceso de aprendizaje. La corrección por pares resulta, en líneas generales, positiva y en la wiki esta se produce de manera dinámica, abriendo nuevos espacios de trabajo para la clase.

COMPRENSIÓN LECTORA

1 | **Explotación didáctica:**
Es aconsejable tener preparados algunos ejemplos de inventos del siglo XX de diferentes industrias y campos del conocimiento que puedan servir como orientación a la clase. Por ejemplo, la cámara digital, el coche eléctrico, los satélites artificiales, etc.

2 | **Ejemplo de posible realización:**
Los primeros móviles eran mucho más grandes y pesados. Su batería duraba muy poco y el auricular iba conectado con cable al cuerpo, por ejemplo en los que se instalaban en los coches. Además, la tecnología de conexión era analógica. No tenían pantalla o eran muy pequeñas y de un solo color. Ahora son digitales y pesan mucho menos; pese a eso, están equipados con grandes pantallas a todo color y cuentan con multitud de funciones adicionales: pueden ser reproductores de vídeo o música y nos permiten comunicarnos de formas diversas, no solo por voz.

3 | **Ejemplo de posible realización:**
   a) El electricista Nathan B. Stubblefield, gracias a una patente de 1908.
   b) No, sus creaciones nunca fueron vendidas.
   c) Martin Cooper y Joel Ergel en 1983 fueron los primeros que mantuvieron una comunicación a través de un teléfono móvil.
   d) Eran amigos y, al mismo tiempo, rivales que trabajaban en diferentes empresas.

4 | **Explotación didáctica:**
Este ejercicio sería ideal para realizar en casa, de modo que los estudiantes pudieran disponer de los medios necesarios para hacer consultas de tipo enciclopédico. Como alternativa, se podría pedir a los alumnos que redactaran las biografías de inventores de otros ámbitos.

5 | **Ejemplo de posible realización:**
   a) ...George Sweigert registró la patente del radioteléfono.
   b) ...descubrió el principio en el que se basaba la transmisión del sonido mediante la luz.
   c) ...fue la empresa que creó el primer prototipo de teléfono móvil.
   d) ...lo que pesaba el primer teléfono móvil.

Tarea:
Para esta tarea sería aconsejable dejar unos días de preparación a los alumnos y garantizar que tuvieran acceso a materiales para investigar. Los datos fundamentales que tendrían que recoger serían el nombre del inventor, el invento y la fecha del mismo, si fuera posible. También sería interesante abordar en qué se basan, cuáles son sus referentes anteriores y cómo han evolucionado. Así, por ejemplo, habría que destacar que Manuel Jalón Corominas patentó la fregona en 1956, pero sistemas similares se habían empleado desde el siglo XV. O que Isaac Peral inventó el submarino eléctrico mientras estaba en la armada española en 1885, invento que ha evolucionado hasta los modelos nucleares del siglo XX. En el caso del Chupa Chups, se puede destacar que, aunque lo inventó Enric Bernat en 1958, la compañía fue comprada por la italiana Perfetti Van Melle en 2006 y que este tipo de caramelo con palo fue popularizado en televisión con el personaje de Kojak. En el caso de la grapadora, se puede subrayar que el primer modelo comercial (que es el que se presenta en el fotografía del libro) se lanzó en 1934 y fue fabricado por Juan Solozábal y Juan Olive, quienes hasta entonces habían hecho revólveres. En realidad, la primera grapadora de la que hay existencia se conserva

unidad 7

en Francia y es del siglo XVIII. En el caso del helicóptero, puede señalarse que Juan de la Cierva inventó el autogiro y que realizó su primer vuelo en 1923, pero que el primer helicóptero tal y como lo entendemos hoy es del ruso Ígor Sikorski (pues diseñó en 1942 el primero construido en cadena); en cualquier caso, todos ellos partieron de las ideas de Leonardo da Vinci.

COMPRENSIÓN AUDITIVA

3 | Ejemplo de posible realización:

Virus: programa malicioso que afecta al correcto funcionamiento del dispositivo.

Troyano: programa malicioso que espía el sistema infectado.

Gusano: programa malicioso que se multiplica a sí mismo propagándose a gran velocidad.

4 | Soluciones:

d); a); b); c).

Transcripción:

Siglo XXI. La tecnología está en todos lados: en nuestro hogar, en nuestro trabajo, en la calle... Y su uso se encuentra cada vez más incorporado a nuestro estilo de vida y agrega valor a nuestras actividades cotidianas. Nos informa, nos ayuda, nos entretiene. La usamos para relacionarnos, realizar trámites, comprar, vender, trabajar y aprender. Potencia la operación y el funcionamiento de empresas, organismos públicos, el control vial, servicios de electricidad, agua, telefonía y hospitales.

¿Qué ocurriría si los semáforos fallaran y una ambulancia no llegara a tiempo? ¿Qué pasaría si alguien robara nuestra información y se hiciera pasar por nosotros sin que lo supiéramos? ¿Podría ocurrir esto?

Juan recibe un correo electrónico con un archivo adjunto. María utiliza la computadora de la oficina para publicar un video familiar en internet. Pedro está descargando música y conectado a un portal de juegos en línea.

Aunque Juan no esperaba ese correo y le parecía rara su redacción, decidió igualmente abrir el archivo adjunto, que en este caso contenía un virus. Como resultado, se infectó su computadora porque no estaba correctamente protegida, el virus se propagó rápidamente por la red al resto de las estaciones de trabajo y ocasionó serios problemas.

El departamento de sistemas comenzó a recibir llamadas de varios usuarios y detectó el problema, pero no podía descargar ni antivirus ni actualizaciones para los sistemas porque María y Pedro entorpecían la conectividad general. Atención al cliente comenzó a experimentar grandes demoras en el sistema: el virus capturaba las conversaciones por chat y los correos de todas las computadoras.

En una de las comunicaciones capturadas el jefe le suministraba a su secretaria la clave de acceso al sistema: el objetivo del virus fue cumplido. Permitió a un tercero robar información y controlar el sistema informático, perjudicando gravemente el funcionamiento de toda la organización.

Estos riesgos y problemas pueden afectar a una persona, una familia, un organismo público, una empresa, una entidad financiera, un hospital y hasta a una planta de energía. Debemos tomar una actitud responsable frente al uso de las tecnologías en cada uno de los roles que desempeñemos. En todos los casos será necesario informarse, aprender, conocer los riesgos y tomar las precauciones necesarias. En el ámbito laboral será necesario capacitar al personal e impulsar la creación y adopción de políticas y procedimientos de seguridad. Ocuparse de la seguridad informática debe ser un tema en la agenda antes que la agenda sea ocupada por los problemas de seguridad.

Un compromiso personal con estas pautas supondrá una mayor seguridad para todos. La tecnología está en todos lados, conozcamos sus riesgos.

5 | Más ideas:

Además del resumen, se podrían proponer titulares alternativos a los que aparecen en el ejercicio 4.

7 | Soluciones:

Pirata – *Hacker*; Portátil – *Laptop*; Escáner – *Scanner*; Alta definición – *High Definition*; Disco duro – *Hard disk drive*; Ordenador – *PC*; Error – *Bug*; Escritorio – *Desktop*.

FORMAS Y RECURSOS LINGÜÍSTICOS

1 | Soluciones:

La función que tienen estos fragmentos es la de identificar algo o a alguien.

2 | Ejemplo de posible realización:

- La Y es una copa que acaba de vaciarse.
- La noria es una rueda que da vueltas pero no avanza.

Más ideas:

Para explotar más el género de la greguería, se podrían llevar a clase algunos ejemplos más que siguieran la misma estructura (con oraciones de relativo), separar cada uno de ellos en dos partes (la parte principal y la oración de relativo), presentarlos en dos columnas y que sea el alumno el que tenga que unirlas para formar la greguería completa.

3 | **Ejemplo de posible realización:**
a) tiene; b) sea, tenga; c) es; d) conocí; e) sea.

4 | **Soluciones y ejemplo de posible realización:**
   A. Cargador: aparato que sirve para llenar la batería de los dispositivos eléctricos.
   B. Interruptor: botón que se utiliza para encender y apagar los aparatos electrónicos.
   C. Impresora: aparato que sirve para sacar copias en papel desde un ordenador.
   D. Altavoces: dispositivos que amplifican el sonido que se crea en cualquier aparato electrónico.
   E. Regleta: artilugio que hace posible que la corriente de un único enchufe se distribuya en varios, de modo que permite enchufar más de un aparato eléctrico a una misma toma de electricidad.
   F. Escáner: aparato que sirve para captar imágenes o documentos y pasarlos a un ordenador.
   G. Proyector: dispositivo que sirve para proyectar los archivos que están dentro del ordenador en una pantalla externa a este.

6 | **Soluciones:**
a) que, el que; b) el que, los que; c) que, que, los que; d) la que; e) que, la que, el que.

7 | **Soluciones:**
   a) Te voy a enseñar la foto de la que hablé ayer con tu hermana.
   b) Ana me va a presentar a la amiga con la que comió ayer.
   c) Luis se ha enamorado de la chica con la que bailó.
   d) Estoy trabajando en el asunto sobre el que me preguntó Ángela.
   e) La fiesta sorpresa de Clara es en el bar en el que he estado esta mañana.
   f) Quiero inscribirme en un curso de informática avanzada en el que hay muy pocas plazas.

EXPRESIÓN E INTERACCIÓN ORALES

1 | **Soluciones:**
(1) dirección; (2) foro; (3) inglés; (4) buzón; (5) archivo; (6) navegar; (7) fiel; (8) ciego; (9) buzón; (10) archivo; (11) buzón; (12) archivo; (13) traición.

> **Transcripción:**
> Tam Tam Go – *Atrapados en la red*
> De tanto buscar hallé
> en una dirección de internet
> un foro de forofos
> de pelis de terror y de serie B
> y ahí conocí a una mujer
> que me escribió amor solo en inglés.
> Su nombre me sedujo
> y el resto de su ser me lo imaginé.
> Para que quiero más
> si me da lo que quiero tener.
> Te di todo mi amor arroba love punto com,
> y tú me has roba-roba-robado la razón.
> Mándame un e-mail que te abriré mi buzón
> y te hago un rinconcito en el archivo de mi corazón.
> Salimos solo una vez
> a navegar juntos por la red,
> saqué mi VISA ORO
> y ella prometió que sería fiel.
> Nunca tocaré su piel,
> nunca podré estar donde esté;
> cuando el amor es ciego,
> el corazón no miente a unos ojos que no ven.
> Para que quiero más
> si me da lo que quiero tener.
> Te di todo mi amor arroba love punto com
> Y tú me has roba-roba-robado la razón
> Mándame un e-mail que te abriré mi buzón
> Y te hago un rinconcito en el archivo de mi corazón.
> Para que quiero más
> Si me da lo que quiero tener.
> Te di todo mi amor arroba love punto com,
> y tú me has roba-roba-robado la razón.
> Mándame un e-mail que te abriré mi buzón
> y te hago un rinconcito en el archivo de mi corazón.
> Ciberpirata de amor,
> me has abordado a traición.

3 | **Explotación didáctica**
Para motivar el debate entre los alumnos, se podría hacer referencia a películas que hablen de este tema, preguntarles si las han visto, qué les han parecido, (por ejemplo: *Tienes un e-m@il – You've got mail*), etc.

EXPRESIÓN E INTERACCIÓN ESCRITAS

2 | **Más ideas:**
La viñeta de la actividad 1 y las preguntas de la 2 podrían dar lugar a un debate sobre la evolución de las formas de comunicación, las ventajas y desventajas de la inmediatez y de la conexión constante, etc.

3 | **Soluciones:**
- Mándame un mensaje cuando leas esto, por favor. ¡Te quiero mucho!
- ¡Hola! ¿Salimos esta noche? Podemos ir al bar o al centro, a mí me da igual.
- ¡Uf! Estoy estresado, además mañana tengo examen...

unidad 7

- Ok. ¿A qué hora nos vemos? 9.30 en la plaza está bien, ¿no?
- ¿Quieres quedar? ¡Te echo mucho de menos, guapa! Besos.

CULTURA

1 | Más ideas:
Podrían plantearse, además, preguntas como las siguientes: ¿cuántas horas calculas que pasas con el ordenador/el móvil? ¿Para qué los usas? ¿Crees que tus padres pasan el mismo tiempo que tú con estos aparatos? ¿Los usan para las mismas funciones? ¿Por qué las actitudes ante los aparatos electrónicos son distintas para unos y otros?

3 | Ejemplo de posible realización:
a) La brecha o fractura digital es la gran distancia que existe en el acercamiento a las tecnologías y al manejo de las mismas por parte de distintos sectores de la sociedad.
b) Algunas de las ideas que pueden extraerse de lo dicho por los personajes que intervienen en el reportaje son: la brecha existe, por un lado, cuando es producida por la carencia de recursos tecnológicos y, por otro, cuando es producida por la falta de instrucción para manejarlos; estas ideas ya fueron apuntadas desde los comienzos del *boom* tecnológico; en ocasiones, el desarrollo de la tecnología es mucho más rápido que la capacidad para asimilar su manejo, de ahí que la fractura digital nunca desaparezca.
c) [Opinión personal].

Transcripción:
LOCUTOR: Lo analógico es cosa del pasado. El futuro ya está aquí y es digital. El desarrollo actual de los medios electrónicos, así como el fuerte crecimiento en importancia y repercusión mediática de internet, hacen que la sociedad evolucione a pasos agigantados. Pero, ¿cómo se adapta el ser humano a este frenético desarrollo de lo digital? Para hablar de las desigualdades en la adaptación a las nuevas tecnologías se ha acuñado el término *brecha* o *fractura digital*.
PERSONA 1: La brecha digital se puede entender a dos niveles. Por un lado, se produce una fractura debido a la posesión o carencia de recursos, es decir, mientras una parte de la sociedad tiene acceso a la tecnología, otra no. Por otro lado, están quienes tienen acceso a la tecnología o podrían tenerlo, pero no poseen formación para manejarla. Y en ambos casos se produce un salto que causa un distanciamiento entre grupos.

PERSONA 2: Desde el comienzo del *boom* de lo tecnológico se notó que las distintas formas de ir apropiándose de las tecnologías eran una de las grandes problemáticas que había.
PERSONA 3: El problema tiene mucho que ver con las distintas formas y velocidades en que las personas se adaptan a las tecnologías. El desarrollo de estas es tremendamente rápido, por eso, aunque una persona que nunca antes hubiera manejado cierta tecnología intente aprender a utilizarla, la evolución del mercado tecnológico es tan rápida que la brecha siempre existirá.

UNIDAD 8 — LA GRAN PANTALLA

PROYECTO

Explotación didáctica:
Antes de proceder con el proyecto, sería bueno que los alumnos se familiarizaran con los cortometrajes, por lo que se podrían dedicar unas sesiones al visionado de algunos de los ganadores de las últimas ediciones del festival Notodofilmfest. En caso de que no se disponga de los medios necesarios para la grabación o montaje del corto, se podría representar el guion preparado en grupos delante del resto de la clase.

COMPRENSIÓN LECTORA

1 | **Explotación didáctica:**
Para fomentar la participación de los alumnos, se podrían plantear otras preguntas como: ¿cuáles son vuestras series preferidas?, ¿qué películas consideráis más relevantes en la historia del cine?, etc. Las respuestas pueden ser especialmente interesantes en clases con diferentes nacionalidades o un amplio rango de edades.

2 | **Explotación didáctica:**
Aunque algunas series de varios países de habla española se emiten internacionalmente, es posible que, según la región o los intereses de la clase, no se conozcan muchas de ellas. Es, por tanto, aconsejable preparar algunos ejemplos de producciones clásicas y actuales, de repercusión en el ámbito hispano, para acercar este elemento cultural a la clase (*Un paso adelante, Médico de familia, Los Serrano, Aquí no hay quien viva*, etc.).

3 | **Soluciones:**
1. D; 2. B; 3. A; 4 C.

4 | **Ejemplo de posible realización:**
a) ...se creó la Academia Norteamericana de la Lengua Española.
b) ...mejorar su pronunciación en español.
c) ...no se emplean en las series de Estados Unidos cuando salen frases en castellano.
d) ...la ranchera del séptimo episodio de la segunda temporada.

5 | **Más ideas:**
Los elementos (argumento, protagonistas, etc.) de las series se pueden exponer a la clase sin decir el título y realizar una especie de concurso en el que los demás alumnos tengan que adivinar de qué serie se está hablando.

COMPRENSIÓN AUDITIVA

1 | **Soluciones:**
Drama histórico: gran relato ambientado en momentos de un pasado más o menos remoto.
Comedia romántica: historia de tono desenfadado en la que los protagonistas, al final, descubren su amor.
Drama social: retrato de los problemas vitales de sus protagonistas.
Comedia musical: historia contada con canciones a lo largo de su trama.

2 | **Ejemplo de posible realización:**
Algunos títulos son: *El florido pensil, El espíritu de la colmena, Historias de la radio* o *El profe*.

3 | **Soluciones:**
1. *Semilla de maldad;* 4. *Hoy empieza todo;* 5. *La clase.*

Transcripción:
Si Benjamin Franklin ya intuía la importancia de la educación, hoy en día resulta un asunto crucial para el desarrollo de la civilización y para el futuro de cualquier país.
El cine creó un género sobre lo que ocurre en las aulas, entre los muros de ese recinto, como sugería el título original del film francés *La clase*. Ahí se decide el porvenir de los individuos y la colectividad. Un loable servicio social que el séptimo arte nos ofrece dándonos magníficos ejemplos de entrega profesional.
Nos quedamos con dos ideas que nos regala ese espejo que es la pantalla del cine. Primera idea: no es cualquier maestro un héroe; los hay apoltronados, como el escritor y profesor que escribió el guion de la magnífica *Hoy empieza todo,* o como el actor principal de la película *La clase,* que es docente en la vida real, además de guionista. Muchos como ellos se dejan la piel cada día en una labor que siempre tendrá una recompensa, por pequeña que parezca.
La otra idea nos la proporciona el protagonista del film *Semilla de maldad.* Tiene que haber una manera de acceder a esos chicos difíciles y evitar

unidad 8

el fracaso escolar, pero no a costa de eludir el esfuerzo o rebajar el nivel de exigencia para que parezca que todo es estupendo.
Entre profesores y alumnos, una cálida mención, por supuesto, a los padres. Los padres que se ocupan de sus hijos, de su educación, que son fundamentales también en su devenir.
"Se lo contaremos a nuestros hijos, les diremos que fue duro, pero que nuestros padres fueron unos señores y que heredamos eso de ellos. Montones de piedras y el coraje para levantarlas".

4 | Soluciones:
a) (2); b) (2); c) (3); d) (2).

FORMAS Y RECURSOS LINGÜÍSTICOS

1 | Ejemplo de posible realización:

Ficha 1

Protagonistas: Patricia Belmonte, que interpreta a una mujer que lucha contra los cánones sociales.

Lugar en que se desarrolla la historia: una ciudad donde existen grandes desigualdades entre clases.

Época en la que está ambientada: siglo XVIII.

Argumento principal: un hombre y una mujer de clases sociales distintas se enamoran, se fugan y juntos se enfrentan a las normas que dicta la sociedad en la que viven.

Ficha 2

Protagonistas: una familia que tiene trillizos.

Lugar en que se desarrolla la historia: un pequeño puedo del sur de Estados Unidos y Nueva York.

Época en la que está ambientada: no se dice.

Argumento principal: tres hermanos trillizos de un pequeño y tranquilo pueblo del sur de los Estados Unidos deciden escaparte de casa cuando cumplen los 15 años. Viajan a la ciudad de Nueva York, donde ingeniarán todo tipo de planes para sobrevivir.

Transcripción:
CHICA: La mejor película que he visto últimamente en el cine es una protagonizada por la actriz esta... no me acuerdo de su nombre... la que acaba de estrenar una comedia romántica...
CHICO: ¿Patricia Belmonte?
CHICA: Sí, eso es. Pues en la película que yo te digo, hace de una mujer que lucha contra los cánones sociales que le impone su condición de mujer.

La historia está ambientada en el siglo XVIII y se desarrolla en una ciudad donde existen, además, grandes desigualdades entre clases. La protagonista se enamora de un muchacho pobre, con quien se fuga en busca de una vida mejor. Juntos hacen frente a las normas que intenta imponerles su sociedad. Vamos, una auténtica historia de lucha.
CHICO: Tiene muy buena pinta, la verdad. A mí me encantó una película que vi la semana pasada. Se titula *Tres son multitud* y trata de una familia que tiene trillizos. La familia vive en un pequeño pueblo del sur de Estados Unidos y tiene una vida tranquila hasta que los niños crecen. Cuando estos llegan a los 15 años comienzan a sentir que su pueblo se les queda pequeño y deciden escaparse de casa y viajar a la ciudad de Nueva York. Allí ingenian mil planes para sobrevivir. Es una película superdivertida.

2 | Soluciones:
(1) donde/en el que; (2) que; (3) donde/en el que; (4) donde/en el que; (5) quienes/que; (6) cuando; (7) donde/en el que; (8) lo cual/lo que; (9) cuyo; (10) cuanto/lo que; (11) como/en la que; (12) quien/la que; (13) como/en la que; (14) quien/que; (15) donde/en el que.

4 | Soluciones:
Las frases del texto enfatizan o destacan ciertas informaciones (cuándo proyectaron esas imágenes los Lumière y quién llevó a cabo el primer largometraje), mientras que en (1) y (2) no se destaca ningún dato.

5 | Soluciones:
- Fue Penélope Cruz quien ganó el Óscar a la mejor actriz de reparto.
- Es en Francia donde se concede la Palma de Oro.
- Es en el Festival Internacional de Cine de Berlín donde se otorga el Oso de Oro.
- Fue en 1987 cuando nacieron los Premios Goya.
- Fue Audrey Hepburn quien nació en Bélgica.
- Fue en 1958 cuando se inauguró el Paseo de la Fama de Hollywood.
- Fue *El secreto de sus ojos* la que se llevó el Óscar a la mejor película extranjera.

6 | Ejemplo de posible realización:
a) ...le ha dado por tomarse un año sabático.
b) ...rompió a llorar. Me sentí fatal.
c) ...se puso a buscar trabajo fuera de España. Le apetecía cambiar de aires.
d) ...está a punto de comenzar.
e) ...se echó a correr como un loco.

f) ...rompió a llover de tal forma que el partido tuvo que suspenderse. Una auténtica pena.

EXPRESIÓN E INTERACCIÓN ORALES

2 | **Ejemplo de posible realización:**
   a) El doblaje en España tiene sus orígenes en los años de la II República, cuando se usó para impulsar la industria cinematográfica nacional. Se hizo obligatorio en 1941 a través de una ley promulgada por Franco.
   b) A favor: pocas personas realmente disfrutan de una película en otro idioma o con subtítulos, que contaminan la imagen del original y distraen al espectador; un buen doblaje añade más matices a las actuaciones originales.
   En contra: el doblaje devalúa las películas, alejándolas del sentido que el director quería dar a su producción.
   c) [Opinión personal].
   d) El español neutro es una modalidad de habla caracterizada por una pronunciación poco marcada que utiliza los rasgos fonéticos, gramaticales y léxicos más extendidos en todos los territorios de habla hispana. Este modelo de lenguaje se utiliza muy a menudo en el doblaje de películas y telenovelas en América.

3 | **Explotación didáctica:**
   Como alternativa, el doblaje del vídeo podría asignarse como tarea para casa. Las escenas creadas se podrían reproducir en la siguiente sesión de clase.

4 |

Transcripción:
CHICA: Oye, perdona, ¿sabes si hay algún quiosco por aquí?
CHICO: Ehhh, sí.
CHICA: ¿Y podrías decirme dónde está?
CHICO: Sí, claro que sí.
CHICA: ¿No quieres decírmelo o qué?
CHICO: Sí, claro que quiero. ¡Faltaría más!
CHICA: ¿Por qué no me lo dices?
CHICO: ¡Si es que no me has preguntado!
CHICA: Bueno, pues ¡dímelo!
CHICO: ¡Si es que no me lo has preguntado!
CHICA: ¿Cómo que no te he preguntado?
CHICO: No, no, no. Tú me has dicho que si podría decirte dónde hay un quiosco.
CHICA: Vale, está bien. Volvemos a empezar. Buenos días.
CHICO: Buenos días.
CHICA: ¿Dónde está el quiosco?
CHICO: ¿Qué quiosco?
CHICA: ¡El más cercano!
CHICO: ¿A dónde?
CHICA: ¡A aquí, a donde estamos nosotros ahora mismo, en este momento!
CHIco: Ah, ¡ese quiosco! Está aquí.
Chica: Gracias, muy amable.
Otro CHICO: Perdona, ¿tienes hora?
CHICO: Sí.

6 | **Explotación didáctica:**
   El profesor puede proporcionar a cada pareja una ficha descriptiva de un gesto para que desarrolle la actividad sin necesidad de recurrir a internet.

EXPRESIÓN E INTERACCIÓN ESCRITAS

4 | **Soluciones:**
   Thriller; drama romántico; director; espectador; costumbrismo (cine costumbrista); suspense; filme; *film noir*; humor; autor; personaje; dialoguista; guion; película; público; comedia; actor; (actor) secundario; papel.

5 | **Ejemplo de posible realización:**
   Introducción (líneas 1-6): información general sobre el director y la película.
   Cuerpo (líneas 7-22): resumen de la historia y crítica del director, de los actores y del guion.
   Conclusión (líneas 23-25): valoración global de la película.

6 | **Explotación didáctica:**
   La corrección de estos textos puede llevarse a cabo entre los alumnos de manera cruzada antes de la revisión del profesor. La publicación en línea puede servir de estímulo para los estudiantes.

CULTURA

2 | **Ejemplo de posible realización:**
   a) [Opinión personal].
   b) El precursor de esta generación de cineastas fue Almodóvar en los años 80. [Opinión personal].
   c) Lo que caracteriza la cinematografía de estos directores es la falta de pretensiones. Les interesa más contar historias que lucirse, por lo que suelen encuadrarse dentro del cine social o comprometido.

3 | **Más ideas:**
   Si se dispone de estas u otras películas españolas, podrían repartirse entre distintos grupos de alumnos. Cada grupo tendría que ver la película asignada, buscar información acerca de ella, relacionarla con otros largometrajes del mismo director, etc., y, después,

unidad 8

hacer una presentación de todo ello para el resto de la clase.

4 | **Más ideas:**
También podría pedírseles a los alumnos que, en lugar de representar la escena en clase, la grabaran en vídeo. Después, se proyectarían todas las secuencias en clase. Además, se podría pedir a los estudiantes que intentaran ordenarlas para crear la película completa o que votaran cuál es la mejor.

UNIDAD 9
CON DINERO Y SIN DINERO

PROYECTO

Explotación didáctica:
El profesor puede explotar el texto que introduce el proyecto de muchas maneras. Por ejemplo, se podrían hacer preguntas a los alumnos para que aportaran sus experiencias y opiniones al estudio, tales como: ¿cuál sería el precio de un sándwich club en sus países?, ¿es un factor indicativo del coste de la vida en un determinado país?, etc. Según las necesidades didácticas, el análisis de mercado podría realizarse en grupos más pequeños y las presentaciones podrían ser evaluadas.

COMPRENSIÓN LECTORA

2 | **Explotación didáctica:**
Es importante poder aportar ejemplos populares o casos documentados en prensa para iniciar el debate de esta actividad, que debería surgir naturalmente como evolución del primer ejercicio de la unidad. En el mundo de las celebridades ha habido casos ejemplares, como cuando la actriz Katie Holmes se gastó 210.000 euros en una tienda o 15.000 euros en juguetes para su hija, o el desembolso de 15 millones de dólares que realizaron Brad Pitt y Angelina Jolie al comprarse una isla. Estos y otros casos se han documentado en: http://quemedices.diezminutos.es/reportajes_famosos/famosos_adictos_a_las_compras. Algunos casos históricos son María Antonieta, Mary Todd Lincoln, William Randolph Hearst, Jacqueline Kennedy Onassis, etc., según http://saludpasion.com/compras-compulsivas/.

3 | **Ejemplo de posible realización:**
Embaucar: engañar.
Montante: cantidad total de dinero o precio a pagar.
Mermar: decrecer o hacer que algo disminuya.

4 | **Ejemplo de posible realización:**
a) ...variar de una tienda a otra.
b) ...las pequeñas deudas se pueden convertir en un gran problema.
c) ...es algo que debes evitar.
d) ...evita los lugares que te impulsen a comprar.

5 | **Ejemplo de posible realización:**
Un consejo útil puede ser: recuerda cuánto ganas por hora y cuánto te gastas en una hora.

6 | **Soluciones:**
a) (5); b) (1); c) (3); d) (2); e) (4); f) (1).
Es importante destacar que (1) sirve para definir b) y f).

COMPRENSIÓN AUDITIVA

1 |

Transcripción:
¿Qué es el consumo sostenible? El consumo sostenible es sinónimo de consumo responsable, que básicamente consiste en tomar tus decisiones de compra, teniendo en cuenta el impacto social y medio ambiental de lo que estás por adquirir. De esta forma, tu consumo cotidiano se convierte en una herramienta para generar el desarrollo sostenible en el cual economía, sociedad y medio ambiente se complementan. Existe una variedad de productos y servicios que puedes elegir. Recuerda que, además, el consumo sostenible contribuye a que tengas una mejor calidad de vida, al mismo tiempo que ayudas a desarrollar un mercado más competitivo.

4 | **Soluciones:**
a) (1); b) (2); c) (1); d) (3).

Transcripción:
ALBERTO: El sistema procura no permitirte y procura meterte por los ojos que todo es necesario y todo es imprescindible para ser feliz.
NARRADOR: Consumir de manera responsable supone una actitud consciente y crítica. Implica seleccionar los productos que consumimos según cómo se han producido y según la manera en que llegan hasta nosotros.
MIREN: Yo creo que existen alternativas que son mejores que comprar en un híper.
INÉS (habla en vasco): Dendara joaterakoan boterea daukagu zer erosten dugun erabakitzeko. Modu honetan gure eskuetan dago ingurumena eta produktuak ekoizten duten lan baldintzak defendatzea. [Traducción al castellano: "A la hora de ir a la tienda tenemos el poder de decidir qué comprar; de esta manera, está en nuestras manos la protección del medio ambiente y el defender las condiciones que ofrecen los productos"].

unidad 9

ALBERTO: El precio siempre esconde la injusticia. Yo puedo conseguir que un producto sea muy barato a costa de pagar a los trabajadores una miseria.
MIREN: En los servicios hay que tener en cuenta otro tipo de criterios. Qué tipo de empresa es, qué tipo de relaciones se dan, primero internamente en esa empresa e incluso en la relación con sus propios clientes.
NARRADOR: La manera más fácil de comprar de forma responsable consiste en poner límite a las necesidades superfluas, además de potenciar la reutilización y el reciclaje.
MAITE: Estamos consumiendo mucho, mucho, mucho, mucho porque nos están creando muchas, muchas necesidades.
KARLOS: Hay un momento en el que hay que plantearse equilibrar esto y la única manera de equilibrarlo es consumiendo menos.
ALBERTO: Ahora, yo creo que precisamente esto del consumo responsable, algo que tiene de interesante, es que además de ser una dimensión revolucionaria que cambia la sociedad, empieza por cambiarte a ti mismo.

5 | **Ejemplo de posible realización:**
Las lenguas oficiales de España, además del español, son el catalán, el gallego y el vasco. El vasco se habla en el País Vasco y Navarra y en algunas zonas de Francia.

Explotación didáctica:
Además de localizar en el mapa los lugares en los que se habla el vasco, se podría hacer lo mismo con el resto de idiomas oficiales de España o las lenguas habladas en otros países donde el español es lengua oficial, como por ejemplo el guaraní y el aimara en Argentina.

FORMAS Y RECURSOS LINGÜÍSTICOS

1 | **Ejemplo de posible realización:**
¿Qué haces si...?
- Me disculpo ante el profesor o el jefe.
- Me tomo una manzanilla.
- Le pongo una excusa y no voy.

¿Qué harías si...?
- Pensaría que es una broma.
- Cambiaría algunas leyes que no me convencen.
- Ahorraría el dinero para el futuro.
- Me aburriría mucho.

¿Qué habrías hecho si...?
- Habría sido muy infeliz.
- Habría pedido tener más hermanos.
- Habría dejado todo por ella.

2 | **Soluciones:**
1. se hubiera implantado, gozaría.
2. viajas, prepárate.
3. fuera, invertiría.
4. siguen/seguimos, comenzarán.
5. llegara, supondría.

3 | **Soluciones:**
a. Impuesto; b. Banco Central Europeo; c. Ganancias; d. Ibex 35; e. Bolsa; f. Acciones.

4 | **Ejemplo de posible realización:**
a) Los requisitos para participar en el programa son estar recién titulado, ser menor de 30 años y tener un buen nivel de inglés.
b) La documentación necesaria para apuntarse al programa incluye la hoja de inscripción, una fotocopia del DNI, una copia compulsada del expediente académico, un currículum y una carta de motivación.
c) El proceso de selección tiene dos fases. Primero, de todas las solicitudes se admitirán solo a algunos candidatos. Después, los seleccionados tendrán que hacer una entrevista personal y, de entre ellos, se elegirán a los beneficiarios de las prácticas.
d) Según el ministro, el programa puede resultar muy beneficioso porque para desarrollarse en el plano profesional es esencial conocer distintas formas de trabajo.

Transcripción:
LOCUTORA: El Ministerio de Educación presentó ayer un nuevo programa de prácticas en el extranjero para jóvenes titulados. Bajo el nombre de "Amplía horizontes", el programa contempla la realización de prácticas en empresas de todo el mundo: Estados Unidos, Alemania, China, Japón... Si eres menor de 30 años, acabas de terminar la carrera, tienes un nivel alto de inglés y estás deseando desarrollarte profesionalmente, esta es tu oportunidad. En este primer año se ofertan 100 puestos, que cubren todas las áreas del conocimiento: historia del arte, lingüística, psicología, física, biología..., según explicó ayer el ministro.
Si estás pensando en apuntarte, solo tienes que rellenar la hoja de inscripción y preparar una fotocopia de tu DNI, una copia compulsada de tu expediente académico, un breve currículum y una carta de motivación. Tienes hasta el 30 de abril para hacerlo. Los primeros candidatos seleccionados recibirán una notificación la primera semana de junio y tendrán que realizar una entrevista personal, de la cual saldrán elegidos los beneficiarios de

las ayudas. La lista final con los candidatos escogidos se hará pública en el BOE en el mes de julio. Así lo explicaba el ministro.
MINISTRO: Para crecer profesionalmente es esencial conocer distintas formas de trabajo, y qué mejor manera que trabajando en otro país. Las nuevas generaciones son muy afortunadas. Si, cuando yo estudiaba, hubiera habido este tipo de programas, ahora seríamos mejores profesionales.
LOCUTORA: Toda la información, así como la hoja de inscripción, se encuentran disponibles en la página web que ha creado el Ministerio para gestionar el programa: tres uves dobles amplía horizontes punto com.

5 | **Ejemplo de posible realización:**
   1. Si se hubiera informado mejor acerca de la situación económica de la compañía...
   2. Si por una vez hubiera sido más irresponsable...
   3. Si hubiera hecho el esfuerzo de ir a casa a comer...
   4. Si hubieran pensado en las consecuencias...
   5. Si hubiera sido más previsora...

6 | **Ejemplo de posible realización:**
   a) En caso de que decida ir, aunque creo que no irá, decidle que se ponga el traje gris.
   b) Salvo que me ofrezcan algo mejor esta semana, invertiré el dinero de la herencia en bolsa.
   c) Solo asistiré siempre y cuando no me comprometa a nada.
   d) Yo creo que, a menos que encuentre algo mejor estos días, voy a aceptar el puesto.
   e) Como vuelvas a insistir, te prometo que no te cojo el teléfono más.
   f) De haberlo hecho, ahora sería rica.
   g) Recuerde que, en el caso de que no traiga un aval, no podremos tramitar el préstamo.
   h) Pero solo con la condición de que me acompañes en la reunión con el jefe.
   i) Como vuelva a ser impuntual, ya sabe dónde está la puerta.
   j) En el supuesto de que volviera a España, viviría en Madrid.

7 | **Ejemplo de posible realización:**
   1. - El fin de semana que viene es el concierto de Lola Pérez aquí. ¿Te apetece venir?
      - Pues la verdad es que no he escuchado mucho de esta cantante y lo poco que he oído no me gusta mucho...
      - Anda, acompáñame, que no tengo con quien ir...
      - Bueno, yo te acompaño, pero con la condición de que hagas de celestina entre Luis y yo.
      - Hecho.

EXPRESIÓN E INTERACCIÓN ORALES

1 | **Explotación didáctica**
   El profesor podría orientar el debate hacia un tema cultural: ¿qué multimillonarios españoles o hispanos conocéis? (Algunos ejemplos serían: Amancio Ortega, Florentino Pérez, Emilio Botín, Carlos Slim, Gloria Estefan, Julio Iglesias, Shakira, Jennifer López, Lionel Messi, etc.)

2 | **Ejemplo de posible realización:**
   Si fuera rico, dejaría de trabajar y me iría a vivir a una isla desierta en el Caribe.

3 | **Explotación didáctica:**
   En caso de que los alumnos necesitaran ideas, el profesor podría plantear unos problemas para que se crearan distintos inventos con el objetivo de solucionarlos (por ejemplo, ¿qué inventaríais para aprender un idioma en poco tiempo?, etc.). Al final, la clase votaría para decidir si los inventos presentados se merecerían una patente o no.

4 | **Soluciones:**
   a) Estar: a dos velas; de capa caída; pelado; forrado; montado en el dólar.
   Ganarse: la vida; el pan.
   Irse: a pique; al traste.
   No dar: ni golpe; un palo al agua.
   Marchar/Ir: sobre ruedas; viento en popa.
   b) - Vacas gordas:
   Tener dinero: estar forrado; estar montado en el dólar.
   Trabajar: ganarse la vida; ganarse el pan.
   Tener éxito: marchar/ir sobre ruedas; marchar/ir viento en popa.
   - Vacas flacas:
   No tener dinero: estar a dos velas; estar de capa caída; estar pelado.
   No trabajar: no dar ni golpe; no dar palo al agua.
   Fracasar: irse a pique; irse al traste.
   c) - María está a dos velas, su madre le ha quitado la paga.
   - La empresa de Juan está de capa caída, no le va muy bien últimamente.
   - El hermano de Lola está forrado, tiene más dinero del que te puedas imaginar.
   - Después de montar su negocio hizo muchísimo dinero; está montado en el dólar.
   - Me gano la vida pescando en alta mar.
   - Hoy en día es difícil ganarse el pan de una manera honesta.
   - La empresa de transportes en la que trabajaba el primo de Miguel se ha ido a pique.

unidad 9

- Tengo miedo de que todo lo que he luchado por conseguir se vaya al traste.
- Todo marcha viento en popa: ¡me han ascendido en mi nuevo trabajo!
- Me alegro de que todo vaya sobre ruedas, ¡te lo mereces!

EXPRESIÓN E INTERACCIÓN ESCRITAS

3 | Soluciones:

Esto es – es decir; mejor dicho – más bien; de todos modos – en todo caso; en cambio – por el contrario; en resumen – en suma.

CULTURA

1 | Soluciones:

A. Euro (España); B. Peso (Argentina); C. Peso (Colombia); D. Sol (Perú)

2 | Explotación didáctica:

Si los alumnos no hubieran tenido contacto con ninguna de estas monedas, podría plantearse la actividad como tarea para casa.

4 | Ejemplo de posible realización:

a) Sí, pero no de manera indefinida.
b) Los pilares de la felicidad parecen ser, según el estudio, el matrimonio, el trabajo, la salud y la religión.
c) En principio, parece demostrado que a mayor renta, mayores posibilidades de conseguir lo que uno quiere y, por tanto, mayor felicidad. Sin embargo, los seres humanos tendemos a medirnos o compararnos con aquellos que poseen un nivel superior a nosotros. Por eso, cuanto más tengamos, más querremos y esto nos impedirá ser felices.

Tarea:

Se pueden proporcionar directamente algunos conversores en línea, como:
www.conversormonedas.com o
http://conversordemonedas.org

UNIDAD 10 — AGENDA CULTURAL

PROYECTO

Explotación didáctica:
Este proyecto se presenta como ampliación del **Proyecto** de la unidad 2. También puede plantearse como una tarea que se desarrolle a lo largo de todo el curso, para que los alumnos se involucren en la agenda cultural. En caso de que no se disponga de medios informáticos, la agenda cultural puede ser una sección más en la revista de clase planteada en la unidad 2.

COMPRENSIÓN LECTORA

1 | **Más ideas:**
Antes de realizar esta actividad, se podrían plantear a los alumnos preguntas del tipo: ¿qué servicios de internet utilizáis? ¿Tenéis cuenta en alguna red social? ¿En cuál?

2 | **Más ideas:**
Se puede trabajar en clase con textos adicionales sobre el comportamiento y medidas de seguridad en la red. Por ejemplo, se podría llevar a clase la política de privacidad de alguna red social.

3 | **Ejemplo de posible realización:**
Suplemento: revista o parte de un periódico centrada en una temática concreta (por ejemplo, un suplemento cultural).
Tirada: cantidad de ejemplares impresos de una publicación periódica.
Vértigo: sensación de malestar y mareo causada típicamente por las alturas.
Primera plana: portada de un periódico.

4 | **Soluciones:**
a) F; b) V; c) F; d) V.

COMPRENSIÓN AUDITIVA

2 | **Soluciones:**
(1) soy muy impaciente; (2) no me puede dar la medicina; (3) que puedas crear; (4) llega un momento; (5) querer contarlo de una manera especial; (6) la música de los pequeños sitios; (7) tararee una canción tuya.

Transcripción:
LAURA: Comencé un poco escribiendo en... en un blog, y en... a veces colaborando en *Tribuna Universitaria*. Y... escribía bajo el seudónimo de "Adicta a cruzar en rojo". Entonces, mis amigos empezaron a llamarme Roja porque yo creo que era un nombre un poco largo y... y nada, me sentí bastante identificada por lo que puede representar. Un poco visceral y natural a la vez.

Un día me compré una guitarra, al día siguiente ya estaba buscando alguien que me enseñara a tocar algún acorde. Y como soy muy impaciente, al día siguiente ya empecé a componer cosas. Y lo siguiente fue tocar con mis amigas en el salón de mi casa. Y poco tiempo después toqué en un escenario y desde entonces ya no me... no me he bajado.

Es un complemento. Yo creo que son dos cosas que se complementan. Son como dos partes de mí. Por un lado, la medicina, que me encanta, es esa parte más racional, más exacta, esa ciencia más... que se parece más a un problema matemático. Y... la música es todo lo contrario. Es esa parte de mí que quizá no me puede dar la medicina y me la da la música: la parte más artística, más libre, más roja, más... más pasional. Es un complemento que, que me hace estar más a gusto conmigo misma y en equilibrio.

Mis influencias vienen un poco dadas por mi padre, por lo que escuchaba cuando me llevaba en coche o por los discos que le he ido robando desde pequeña. Y es mucha música española, eh... Sabina, Revólver, Los Secretos... Mmm, posteriormente, pues Carlos Chaouen, Quique González... mmm, casi todo música en español porque le doy mucha importancia a las letras, ¿sabes? A... para mí es tan artístico la música que puedas crear como la forma de decir las cosas. Pero bueno, cualquier cosa que me haga repetirla veinte veces en el, eh, en el reproductor. No sé, también Ben Harper, Beirut... no sé, Daniel Johnston...

Mis letras son, depende del momento que he estado viviendo. ¿Sabes? Depende de lo que estaba, lo que me estaba pasando y lo que estaba sintiendo en ese momento. Ha habido de todo. Generalmente hablan de sentimientos, hablan de amor, de rencor, de... de momentos puntuales. Lo que me inspira son un poco las situaciones extremas en mi vida. Y eso es lo que ha venido marcando la temática de las canciones. Pero bueno, llega un momento en el que yo creo que dejar de querer abrirte tanto y dejas de querer contar tanto de ti porque, porque son cosas muy personales y hay un momento, que es en el que estoy ahora, que me apetece contar historias, ver una película y... y contar algo que se me ha ocurrido, algo que me he inventado o, no sé, o ver algo y querer contarlo de una manera especial, querer crear como un pequeño, como una pequeña historia, una pequeña película con cada canción.

Creo que hay dos panoramas musicales en España. El que se oye, el que se escucha, el que sale en la tele, el que sale en la radio, el que vende, el que busca vender. Por esa parte creo que... que se está quedando un poca... un poco coja la música en ese sentido, ¿sabes? Creo que hay demasiados productos iguales., tipo fábrica y... y bueno, a lo mejor es lo que en sí busca esa música, pero, pero creo que ahora mismo es mucho, es mucho más rica la música que no se hace para vender, la música de los pequeños sitios, de la gente que la hace con más ilusión, de la gente que busca contarlo y contarlo como quiere contarlo, no como a alguien le gustaría escucharlo. Entonces, yo creo que hay esa doble vertiente.

Ahora mismo, lo que me da la música es lo que busco de ella. Me da la capacidad de crear cosas, de poder expresarme, de mostrar cosas de mí en ella. Nunca he buscado nada, nada más allá, nada más grande. Pero bueno, todos también tenemos un sueño, o un pequeño sueño, y yo creo que el de cualquier músico es que alguien que no te conozca absolutamente de nada tararee una canción tuya o quiera escucharla o la ponga en su casa mientras está cocinando o... No sé, sobre todo yo creo que lo más bonito para, para un músico puede ser que una persona que escuche una canción tuya y que no te conozca se sienta un poco identificado, pueda poner partes de su vida en trozos de esa canción. Me encantaría que me pasara eso alguna vez, pero si no... me siento muy, muy, no sé, muy bien haciendo lo que hago, conociendo a la gente que conozco, haciendo esto y... no puedo pedirle más si no me da más.

3 | **Ejemplo de posible realización:**
1) ¿Cómo empezaste a cantar?
2) ¿No son muy diferentes la medicina y la música?
3) ¿Cuáles son tus influencias más destacadas?
4) ¿Cómo escribes las letras de tus canciones?
5) ¿Cuál es tu visión del mundo de la música en España?
6) ¿Qué aporta la música a tu vida?

4 | **Soluciones:**
a) F; b) F; c) F; d) V

Transcripción:
CARLOS: De Amaral, la verdad es que sobran las presentaciones, así que lo mejor es ir al grano. Están con nosotros en directo Eva Amaral y Juan Aguirre. Buenas noches.
EVA: Hola, buenas noches.
MARA: Buenas noches.
JUAN: Buenas noches.
CARLOS: Bueno, a mí la primera pregunta así que se me ocurre es: ¿Una adaptación de Dylan? Palabras mayores. Un reto.
EVA: Sí, la verdad es que era todo un desafío para nosotros y nos imponía muchísimo respeto porque es un himno la canción, ¿no? Y, bueno, nos hemos quedado muy satisfechos, la verdad. Pero... lo hemos trabajado mucho. Nos daba mucho respeto la letra.
MARA: ¿Pero la idea fue vuestra? ¿Os, os lo propusieron? ¿Cómo, cómo nació lo de versionar a Dylan?
JUAN: Pues la verdad es que nos lo propusieron porque, porque Dylan había grabado, regrabado esta canción para, pues para Zaragoza, para la exposición y tal. Entonces, bueno, pues se pensó que tal vez nosotros podríamos adaptarla al castellano. Y, bueno, pues al principio... para empezar, somos muy fans de Dylan y somos de Zaragoza. O sea, teníamos predisposición para hacerlo, pero nos daba bastante miedo porque son, es una letra tremenda y empezamos un día a jugar con las acústicas, vimos una posibilidad de entrar en la canción y de que sonase natural en nuestro idioma. Y fuimos a por ella, pero no lo teníamos nada claro al principio. Porque... es Dylan.
CARLOS: ¿A Dylan le conocéis o le... habéis hablado con él? ¿Os lo habéis encontrado?
EVA: Pues sí.
CARLOS: ¿Le habéis rendido pleitesía como...?
EVA: Qué gusto da poder decir esto. Bueno, estuvimos girando con él en la gira que hizo por España, hace... cuatro años, me parece que fue. Nosotros íbamos de teloneros. Y tocábamos, pues guitarra, voz, armónica. Una cosa muy sencilla. Un poco, pues porque somos muy fans de Dylan, entonces nos hacía mucha ilusión hacerlo, ¿no? Así que en uno de los conciertos, él vino a saludarnos a nosotros. Nosotros no nos queríamos acercar mucho, ni molestarle porque sabemos que tiene cierta

fama de ser una persona distante. Así que yo imagino que él debió decir "¿esta gente no viene a saludarme nunca o...?"
JUAN: Unos... unos maleducados.
CARLOS: Qué maleducados son los españoles, dirá.
EVA: Entonces vino a saludarnos, a hablar con nosotros y fue encantador. Y guardamos un recuerdo fantástico de toda aquella temporada girando con él porque el equipo nos trató muy bien... Vamos, que todo fantástico.
MARA: ¿Y le habéis enviado la versión que habéis hecho? ¿Sabéis si la ha oído?
EVA: Se la vamos a enviar, se la vamos a enviar. Nos hace especial ilusión.

5 | **Más ideas:**
Esta puede ser una buena ocasión para introducir grupos musicales y cantantes contemporáneos españoles o de países de habla española que puedan resultar interesantes para la clase.

FORMAS Y RECURSOS LINGÜÍSTICOS

2 | **Explotación didáctica:**
Es conveniente que la audición se pase dos veces. En la primera escucha, el alumno deberá centrarse en el contenido de la entrevista. Para comprobar que ha entendido lo que ha escuchado, el profesor podría hacer alguna de las siguientes preguntas: ¿es Carlos Ferrer un cantante consagrado?, ¿cómo empezó en el mundo de la música?, ¿por qué fue telonero de Quique González?, ¿en qué tipo de recintos prefiere tocar?, etc. Durante la segunda escucha deberá concentrarse en la búsqueda de oraciones que apoyen la argumentación de quien habla, esto es, oraciones causales. Si resultara especialmente difícil localizar estas frases, se podría pasar la grabación en fragmentos.

Soluciones:
- gracias a la ayuda de mis padres.
- porque era lo que realmente me gustaba.
- como el grupo en el que empecé no tenía mucho futuro.
- que tengo que hacerte una propuesta.
- ya que lo preguntas.
- porque es allí donde se puede conectar con el público.
- porque Madrid ha sido una ciudad que siempre me ha acogido muy bien.

Transcripción:
ENTREVISTADOR: ¿Cuánto tiempo llevas en este mundo de la música, Carlos?
CARLOS FERRER: Pueees..., la verdad es que llevo ya bastantes años. Podríamos decir que toda una vida.
ENTREVISTADOR: Y, ¿cómo fueron tus comienzos? ¿Dónde diste tus primeros pasos como músico?
CARLOS FERRER: Mira, yo entré en este mundillo gracias a la ayuda de mis padres. Ellos me inscribieron en el conservatorio cuando tenía 8 años. Allí estudié piano y canto. Después, cuando me hice un poco más mayor, descubrí otros estilos de música como el pop y el rock y comencé a experimentar. A los 15 años tocaba con un grupo aficionado de mi barrio. A mis padres no les gustaba mucho la idea, la verdad, pero seguí adelante porque era lo que a mí realmente me gustaba.
ENTREVISTADOR: Y, ¿cómo llegaste a convertirte en uno de los cantautores más prometedores del panorama actual?
CARLOS FERRER: Bueno, esta es una pregunta complicada. Como el grupo en el que empecé no tenía mucho futuro, decidí dejarlo. Esto ocurrió cuando tenía 18 años. Entonces decidí hacer un paréntesis en mi carrera como músico. Durante el año que estuve sin tocar, comencé a escuchar a diversos cantautores nacionales y empezó a fascinarme el estilo. Al año siguiente compuse algunas canciones e hice algunos conciertos en mi ciudad natal, Valencia. Después, se sucedieron varios éxitos.
ENTREVISTADOR: Tengo entendido que con tan solo 20 años fuiste telonero de Quique González en los dos conciertos que dio en Valencia.
CARLOS FERRER: Sí, es cierto. Fue un gran honor poder tocar en el mismo escenario que él.
ENTREVISTADOR: Y, ¿por qué tú?
CARLOS FERRER: Pueees..., supongo que Quique había escuchado mi música en mi MySpace. Aquel año me había promocionado muchísimo en internet. Un día yo recibí una llamada: era él. Simplemente me dijo "vente *pa* Madrid el lunes, que tengo que hacerte una propuesta". Sin tener muchas más explicaciones, fui a su encuentro sin pensarlo dos veces.
ENTREVISTADOR: Una historia fascinante. Y, bueno, tú que has tocado en distintos tipos de recintos ¿con cuál te quedas? ¿Prefieres los grandes estadios o los pequeños bares?
CARLOS FERRER: Ya que lo preguntas, te diré que esta es una cuestión muy interesante. Mira, son

unidad 10

cosas totalmente distintas. Tocar en un estadio de fútbol o en una plaza de toros llena de gente, por ejemplo, es una auténtica pasada. Sin embargo, sigo prefiriendo los pequeños locales, porque es allí donde se puede conectar con el público. El ambiente de complicidad que se crea en estos lugares es increíble.
ENTREVISTADOR: Y, ¿por qué has elegido Madrid para presentar tu segundo disco?
CARLOS FERRER: Pues porque Madrid ha sido una ciudad que siempre me ha acogido muy bien. Es verdad que empecé en Valencia, pero la gran parte de mis éxitos los he conseguido aquí.

3 | Ejemplo de posible realización:
(1) que; (2) es que; (3) porque; (4) como; (5) es que; (6) que.

4 | Soluciones:

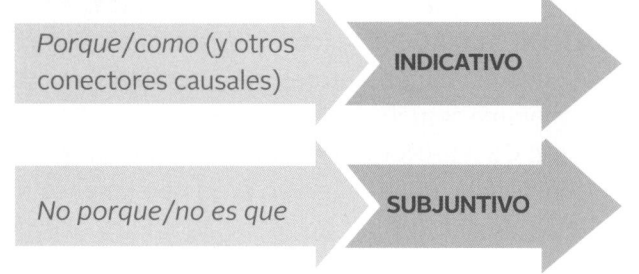

Porque/como (y otros conectores causales) → INDICATIVO

No porque/no es que → SUBJUNTIVO

5 | Ejemplo de posible realización:
1. Estimado profesor:
Le escribo para informarle de que no podré asistir a la tutoría que tenía prevista con usted. Debido a problemas de salud, el lunes tendré una consulta médica. Como no sé la hora a la que terminaré, creo que es mejor que pospongamos la tutoría.
Espero su respuesta.
Un saludo,
Rebeca Delgado

Explotación didáctica:
Es importante que el profesor ponga especial énfasis en los estilos a los que pertenecen los distintos conectores y en su aparición en las situaciones que se proponen. Asimismo, es muy interesante la puesta en común de los textos creados por los alumnos. También se podría debatir la adecuación de los textos creados, lo que suscitaría cuestiones más periféricas dentro del tema, pero de gran importancia, como el tratamiento (*tú/usted*).

6 | Soluciones:
La finalidad del correo es invitar a alguien a una cena de empresa y su registro es formal.
Las frases que expresan finalidad o propósito son las siguientes:
- con la intención de invitarle a la cena...
- con motivo de la próxima celebración navideña.
- para que podamos comunicar al restaurante...

7 | Ejemplo de posible realización:
a) ...[para] que este la perdone por el plantón de ayer/[para] solucionar el malentendido de ayer.
b) ...[de] que le hiciera un favor/[de] pedirme un favor.
c) ...[que] te vea esa herida.
d) ...[para] triunfar en la vida.
e) ...[a] que me cambiara los días de vacaciones/[a] cambiar los días de vacaciones.
f) ...[de] que me diga una hora a la que pueda pasar por su despacho mañana/[de] pedirle una tutoría de la asignatura Derecho Internacional.

8 | Explotación didáctica:
Esta actividad puede ser buena para realizarse como tarea en casa. Si se prefiere, se puede repartir cada sitio de internet a un alumno y que luego se exponga el informe en clase. Esto requerirá seleccionar otras páginas web adicionales.

EXPRESIÓN E INTERACCIÓN ORALES

1 | Explotación didáctica:
En el caso de que el teatro fuera un tema que interesara poco a los alumnos, se podría llamar su atención sobre las representaciones teatrales más famosas que se han adaptado al cine o que aparecen como parte de alguna película (por ejemplo: *Shakespeare in love, Romeo y Julieta, Todo sobre mi madre,* etc.)

2 | Ejemplo de posible realización:
a) Porque no está seguro de sus sentimientos hacia Margarita y quiere justificarse con Paula.
b) Una persona bohemia es aquella que lleva una vida apartada de las convenciones sociales y que aprecia el arte y la cultura por encima de las cosas materiales, a diferencia de los burgueses.
c) [Opinión personal].

3 | Ejemplo de posible realización:
- Me gustaría que aprendieras a hacerlo con fuego, es mucho más original.
- Eso es imposible, hace falta mucho entrenamiento...
- La vaca se asustaría viendo la cola del cocodrilo, no es buena idea.
- Pero en Inglaterra siempre hay niebla...
- No, que en Cuba hace mucho calor.
- Pero si el desierto está desierto... Nos aburriríamos mucho allí.

5 | Explotación didáctica:
El profesor debería ofrecer un pequeño resumen del desenlace en la obra original. Por ejemplo:

"Paula y Dionisio siguen conversando y el poco de rebeldía que le quedaba a Dionisio va desapareciendo. Paula le ayuda a vestirse para la boda y sueña con ser ella la novia, aunque Dionisio la devuelve a la realidad ("Es que... tú no serás la novia"). El dueño del hotel entra a buscar al prometido para llevarlo a la iglesia; Dionisio solo tiene el tiempo de despedirse de Paula, escondida, con un gesto. Paula, sola en la habitación, hace malabares con los sombreros que el novio ha abandonado en la habitación hasta que cae el telón."

El debate que siga se podría orientar hacia el tema del valor de las convenciones sociales y favorecer una comparación intercultural con los países de proveniencia de los alumnos.

Más ideas:
Se podría optar por enseñar a los estudiantes una de las versiones cinematográficas que se han hecho de *Tres sombreros de copa* (1963, 1966, 1969, 1978) y que están disponibles en internet.

EXPRESIÓN E INTERACCIÓN ESCRITAS

1 | **Soluciones:**
1. Palco; 2. Patio de butacas; 3. Telón; 4. Escenario; 5. Foso.

2 | **Ejemplo de posible realización:**
- Título de la obra y autor.
- Datos concretos sobre la representación: lugar, fechas, horarios, duración, etc.
- Ficha artística: reparto de actores (y sus correspondientes personajes).
- Ficha técnica: todos los técnicos involucrados en la organización de la obra (director, músicos, coreógrafos, escenógrafos, etc.).
- Sinopsis de la obra: breve resumen del argumento de la obra.

3 | **Soluciones y ejemplo de posible realización:**
a) *Ser un don Juan* significa ser un mujeriego, un seductor.
b) Apuesto: que tiene buena presencia.
Depravación: vicio, corrupción, perversión.
Increpar: insultar.
Altercado: discusión o disputa violentas.
Vehemencia: ímpetu, pasión en las acciones.
Interceder: hablar en favor de alguien.
c) [Opinión personal].

5 | **Más ideas:**
Como alternativa, se podría pedir a los alumnos que hicieran la sinopsis de una obra teatral escogida por ellos y que se inventaran el resto de los detalles del programa de mano.

CULTURA

2 | **Soluciones:**
a. chiste; b. ironía; c. humor negro; d. broma; e. chiste verde; f. broma pesada.

4 | **Explotación didáctica:**
Antes de realizar esta actividad, es muy importante que el alumno haya comprendido la información sobre los chistes que aparece en este módulo. Además, sería conveniente que el profesor leyera todos los chistes una vez exagerando los elementos entonativos y gestuales para que el alumno lo tomara como referencia.

5 | **Soluciones:**
(1) que somos vagos; (2) que tenemos otras prioridades en la vida, a saber: comer y dormir; (3) no hay quien las gane; (4) como si no hubiera mañana, como si fuera el fin del mundo; (5) es que no entran en casa; (6) porque era tan feo que te hacía reír solo con mirarlo.

Transcripción:
...vascos, catalanes, gallegos, y yo, que soy de Andalucía y estoy siempre en Madrid por cuestión de curro, tengo que explicarles a mis colegas en qué consiste ser andaluz. La gente de Andalucía tiene una manera muy diferente de vivir. Dicen que somos vagos, pero es mentira. Lo que pasa es que tenemos otras prioridades en la vida, a saber: comer y dormir. ¿Qué me decís de esas siestas de pijama y todo, que cuando te levantas le han quitado tres hojas al calendario? Y comer. Nos encanta comer y comer mucho, pero es a eso a las madres andaluzas no hay quien las gane. Mi madre cocina siempre como para una boda, como si no hubiera mañana, como si fuera el fin del mundo.
Luego nos encanta salir de fiesta. Bueno, algunos de mis amigos no es que salgan mucho, es que no entran en casa. Yo no, por supuesto, yo estoy siempre en casa... de mis padres. Estoy pensando en independizarme, pero creo que a mis 35 años todavía no tengo la madurez suficiente para dar ese paso. Luego dicen que estamos todo el santo día contando chistes. ¡Qué exageración! Yo conocí a uno que no los contaba, te lo juro, porque era tan feo que te hacía reír solo con mirarlo. Se llamaba Benito, Benito Gutiérrez Caba. Era del barrio de Utrera...

UNIDAD 11 PINCELADAS

PROYECTO

Explotación didáctica:
Si no fuera posible grabar las explicaciones mediante cualquier dispositivo o soporte (ordenador, tableta, móvil...), una alternativa podría consistir en preparar los textos y que los estudiantes los expusieran como si fuesen guías tradicionales. Aunque el proyecto se basa en realizar la audioguía de un museo personalizado, se podría optar por reproducir un museo real (por ejemplo, el Museo Reino Sofía de Madrid) y componer la audioguía pensando en las obras que se encuentran en este.

COMPRENSIÓN LECTORA

2 | **Ejemplo de posible realización:**
En el cuadro de la izquierda vemos a un grupo de personajes del siglo XVII que están posando en una habitación llena de cuadros: es *Las Meninas,* de Velázquez. En el de la derecha vemos unos colores muy intensos y formas angulares que reinterpretan el cuadro original; es una obra de Picasso. La diferencia principal es que uno es un cuadro realista y el otro no, por lo que creo que el primero es un retrato y el segundo está buscando las fronteras de qué se puede hacer en un retrato empleando el de Velázquez como modelo.

3 | **Ejemplo de posible realización:**
(1) compaginó; (2) mantuvo; (3) realizó; (4) fundada; (5) adquirió; (6) es; (7) conoce.

4 | **Ejemplo de posible realización:**
Futurismo: movimiento artístico que surge en 1909. Rechaza la estética tradicional y exalta la vida contemporánea de su época al destacar las máquinas, el urbanismo, la publicidad, la moda, etc. Uno de los principales artistas futuristas fue Filippo Marinetti.
Dadaísmo: movimiento artístico que nace en 1916. Busca desprenderse de la lógica del lenguaje y de los materiales y recursos empleados en otros campos, como la fotografía o la escultura. Uno de los principales artistas dadaístas fue Man Ray.
Surrealismo: corriente estética que nace en 1917 y se centra en dar peso al subconsciente siguiendo las ideas del psicoanálisis con técnicas como la escritura automática o los conocidos como cadáveres exquisitos. Uno de los principales artistas surrealistas fue Salvador Dalí.

5 | **Soluciones:**
a) (3); b) (1); c) (1); d) (2).

COMPRENSIÓN AUDITIVA

1 | **Ejemplo de posible realización:**
Pinacotecas, museos de historia, museos del automóvil, etc.

2 | **Soluciones:**

Parte 1
(1) (d); (2) (c); (3) (b); (4) (a).

Parte 2
1. Museo Guggenheim; 2. Museo de Evolución Humana; 3. Museo de El Prado; 4. Museo de Arte Contemporáneo de Castilla y León.

4 | **Ejemplo de posible realización:**
a) Porque es un elemento físico exclusivo de los humanos.
b) Su capacidad craneal era de menos de 500 centímetros cúbicos.
c) Esto se explica por la adaptación a distintos ecosistemas y por los cambios en nuestra dieta.
d) Señala su tamaño de coco, consistencia de champiñón y color grisáceo.
3) Daniel Canogar ha creado una interpretación artística del cerebro hecha con cables.

Transcripción:
MARTA: Mi nombre es Marta y formo parte del equipo de monitores del Museo de la Evolución Humana. Como pueden comprobar, en este momento me encuentro en la planta cero, una planta dedicada a la evolución biológica, donde revisamos todas las teorías sobre la evolución, los primeros organismos vivos que se registran en la historia de nuestro planeta o, incluso, los cambios que ha sufrido nuestro propio linaje evolutivo, tras 6-7 millones de años de evolución.
Un ámbito muy especial de esta planta está dedicado a aquellos rasgos que nos hacen humanos, que nos hacen *homo sapiens.* Por ejemplo, destacar nuestro mentón que es una característica

única de nuestra especie. O etapas como la adolescencia, la menopausia o nuestro parto, que es mucho más complicado que en cualquiera de las otras especies de homínidos.

Un lugar destacado de este ámbito lo ocupa nuestro cerebro, que es un órgano muy complejo. Pero para descubrir cómo funciona, a día de hoy tenemos que abrir una pequeña ventana al pasado. Si nos asomásemos a ella, descubriríamos que nuestros antepasados más antiguos no superaban los 500 centímetros cúbicos de capacidad craneal. En cambio, el *homo sapiens,* nuestra especie, millones de años después, llega a triplicar su tamaño.

¿Cómo puede ocurrir esto? Pues gracias a que nos fuimos adaptando a distintos tipos de ecosistemas y fuimos cambiando nuestra dieta, simplemente. Sin embargo, todos estos cambios no fueron gratuitos. Nuestro cerebro, con un tamaño mucho mayor, consume mucha más cantidad de energía. Así que imagínense: una quinta parte de la energía que consumimos de nuestros alimentos diarios va dirigida a que nuestro cerebro, este órgano vital, siga en funcionamiento.

Nuestro cerebro tiene el tamaño de un coco, la consistencia de un champiñón y un color grisáceo muy poco atractivo. Pesa un kilo y medio y es una máquina compuesta por piezas diminutas llamadas neuronas. Nuestras neuronas activan todos los pensamientos que tenemos a lo largo del día mediante disparos de impulsos eléctricos, que llegan a alcanzar los 400 kilómetros/hora. Imagínense: tenemos que multiplicar toda esta cantidad de disparos, de impulsos eléctricos, por los millones y millones de neuronas que posee nuestro cerebro. Así que tenemos que imaginar un funcionamiento constante del mismo. Sin embargo, no quiero destacar el funcionamiento de una sola neurona, sino de equipos de neuronas que van asumiendo distintas responsabilidades. Por ejemplo, la visión, el movimiento, la memoria...

¿Cómo vamos a descubrir todo este universo del cerebro en el Museo de la Evolución Humana? Pues contamos, por ejemplo, con el cerebro de un donante anónimo: qué mejor que ver un original para hacernos una idea. O, por ejemplo, detrás de mí tengo la interpretación artística de un cerebro que ha hecho Daniel Canogar, el famoso artista audiovisual madrileño. Es muy curioso pensar que un museo de arqueología cuenta con una obra contemporánea. Está realizado con distintos cables de diferentes tamaños y fibra óptica. Si lo visitasen por dentro, verían que reproduce el funcionamiento constante que les estaba comentando.

Por mi parte, poco más. Invitarles a que participen en el taller que va a realizar mi compañero Marcos en breves minutos y, por supuesto, invitarles a que conozcan todo el Museo de la Evolución Humana. Quedamos a su disposición los monitores del museo. Muchísimas gracias por su atención.

Tarea (1):
Además del caso de Miguelón, otros ejemplares históricamente relevantes para el estudio de la evolución humana han sido bautizados con nombres singulares. Algunos ejemplos populares son Ardi (una hembra de *Ardiphitecus Ramidus*), Taung (*Australopithecus africanus*), Eurídice (*Paranthopus Robustus*), e incluso algunos parecen superhéroes, como el *Paranthropus Aesthiopicus* llamado *The Black Skull*.

Tarea (2):
Si hay disponibilidad de materiales reales de museos locales, sería posible sustituir el propuesto en la tarea por uno de estos.

FORMAS Y RECURSOS LINGÜÍSTICOS

2 | **Ejemplo de posible realización:**
   a) ...tengo pánico a las alturas.
   b) ...(que está) en Perú.
   c) ...tiene ciertas cuestiones (como la conjugación) que sí resultan difíciles.
   d) ...en grandes cantidades pueden ser perjudiciales.
   e) ...que prefiere viajar a Rusia.
   f) ...puede resultar también aburrido.
   g) ...(que es) el fútbol.

3 | **Soluciones:**
   a) El *Guernica* no es el cuadro más famoso de Salvador Dalí, sino que es obra de Picasso.
   b) Van Gogh no fue un pintor muy conocido en vida, sino que fue pobre.
   c) Pablo Picasso no nació en Francia y pasó gran parte de su vida en España, sino que nació en España y pasó gran parte de su vida en Francia.
   d) El Museo del Prado no se encuentra en Barcelona, sino en Madrid.
   e) Gaudí no es conocido por sus pinturas, sino por su arquitectura.

4 | **Soluciones:**
   a) Aunque los billetes de avión sean carísimos...
   b) Aunque apenas tengo tiempo libre...
   c) Aunque tengo pocas posibilidades...
   d) Aunque no he entrenado nada...
   e) Aunque no se merece mi perdón...
   f) Aunque no sepa ni freír un huevo...

unidad 11

5 | Soluciones:
a) me equivoqué; b) sea; c) fuera; d) caiga; e) ha tenido; f) fuera.

6 | Ejemplo de posible realización:
a) Por muy bien que se porte Antonio con ella, Clara no le hace ni caso.
b) A pesar de trabajar mucho, Alberto no consigue el ascenso en su trabajo.
c) Aun a riesgo de que los estudiantes protestaran, el rector amplió el horario lectivo.
d) Aunque a Lucía le encanta el arte abstracto, no lo entiende.
e) Luis pintó un retrato de mi hermana, y eso que no quería posar.
f) A pesar de no tener trabajo estable, Ana ha comprado una casa.

EXPRESIÓN E INTERACCIÓN ORALES

2 | Ejemplo de posible realización:
En el cuadro aparece una bahía al amanecer, con el mar de fondo y una pequeña formación rocosa a la derecha. Hay cuatro relojes; un reloj de bolsillo cubierto de hormigas y tres relojes blandos y deformados: uno de ellos, que lleva encima una mosca, está en la esquina de una superficie, a punto de deslizarse; otro cuelga en equilibrio de la rama de un árbol; más abajo, otro yace sobre una cara con largas pestañas. Dalí, según él mismo dice, se inspiró en la textura del queso camembert a la hora de añadir los relojes al cuadro. Los relojes, como la memoria, se han reblandecido por el paso del tiempo. En muchos cuadros de Dalí, las hormigas representan muerte y decadencia. Así, el tiempo se retrata en este cuadro como una entidad negativa, que destruye todo lo que toca. Sobre este cuadro, Dalí se limitó a decir que "Lo mismo que me sorprende que un oficinista de banco nunca se haya comido un cheque, asimismo me asombra que nunca antes de mí, a ningún otro pintor se le ocurriese pintar un reloj blando".

3 | Soluciones:
1 h; 2 a; 3 b; 4 f; 5 c; 6 g; 7 d; 8 e.

4 | Explotación didáctica:
Para intentar no herir sensibilidades, el profesor debería destacar que los sueños no tienen por qué ser reales. Aunque los alumnos se inventen personalidades, la actividad no cambia, puede incluso resultar más eficaz.

5 | Soluciones:

Parte 1.

Soluciones:
La autora de los cuadros es Frida Kahlo.

Parte 2.

Soluciones:
A 2; B 4; C 1; D 3; E 5.

6 | Ejemplo de posible realización:
Creo que Frida estaba muy enamorada de un hombre llamado Diego, que influyó mucho en su vida; etc.

EXPRESIÓN E INTERACCIÓN ESCRITAS

1 | *Parte 1.*

Soluciones:
(1) cubista; (2) guerra civil; (3) régimen dictatorial; (4) democracia; (5) bocetos; (6) bombardeo; (7) gama; (8) triángulos; (9) paloma.

Parte 2.

Soluciones:
a) F; b) V; c) F; d) V; e) V.

Transcripción:
El *Guernica* es uno de los cuadros más famosos de Pablo Picasso y una de las obras más importantes del siglo XX. Se enmarca dentro de la pintura cubista y se considera un símbolo del sufrimiento de las personas en las guerras. Fue un encargo del gobierno de la República Española. Tenía que ser expuesto en el pabellón español durante la exposición internacional de 1937 en París. El objetivo era llamar la atención del público hacia la causa republicana en plena guerra civil española. En la década de 1940 en España ya se había instaurado el régimen dictatorial del general Franco, por ello, Picasso optó por dejar que el cuadro fuese custodiado por el Museo de Arte Moderno de Nueva York. Su voluntad era que fuera devuelto a España cuando volviese al país la democracia. En 1981 la obra llegó a España y fue expuesta en el Casón del Buen Retiro y luego, desde 1992, en el museo Reina Sofía de Madrid. Junto a este cuadro, se exponen los bocetos que dibujó el autor para realizar esta pintura.
El *Guernica* es un óleo sobre lienzo de grandes dimensiones: tiene tres metros y medio de ancho por casi ocho metros de largo. A pesar del título y de las circunstancias en el que fue realizado, no hay en el cuadro referencia concreta al bombardeo del pueblo de Guernica ni a la guerra civil española.
Está pintado en blanco y negro, con una gama de grises. El cuadro está organizado en tres zonas diferentes: la parte central sería la marcada por el caballo y el guerrero muerto; la zona derecha es la casa en llamas con las tres mujeres; en la zona

izquierda aparecen el toro y la mujer con el niño muerto. Además, las figuras están organizadas en triángulos; el más importante es el del centro, que tiene como base el cuerpo del guerrero muerto y como vértice la lámpara.

Aparecen representados seis seres humanos y tres animales: un toro, una paloma y un caballo. La explicación de cada elemento de la pintura es discutida, pero lo que sí está claro es el tono general de destrucción, caos y guerra.

2 | Ejemplo de posible realización:
   a) En la primera viñeta aparece una señora con su asistenta, enseñándole un salón evidentemente desordenado para que esta lo limpie. En la segunda, la señora de la limpieza ya ha cumplido su deber y la dueña se queda dudosa mirando el resultado.
   b) En el primer dibujo el salón está sucio y muy desordenado, con todo tipo de objetos fuera de su sitio: libros, discos, comida, bebida, etc. En el segundo, el salón está muy limpio y colocado, todo parece estar en su sitio.
   c) La mujer se queda extrañada porque parece que la asistenta, además de colocar el caos que reinaba en la habitación, también ha colocado los personajes de la reproducción de *Guernica* que cuelga de la pared, que en la versión original están dispuestos de forma caótica.

3 | Explotación didáctica:
Los textos que los alumnos redacten en esta actividad podrían servir de base para realizar una versión del Proyecto de la unidad.

Tarea:
El bombardeo de Guernica fue un ataque aéreo realizado sobre esta población española el 26 de abril de 1937, en el transcurso de la guerra civil española (1936-1939), por parte de la Legión Cóndor alemana y la Aviación Legionaria italiana, que combatían en favor de los sublevados contra el gobierno de la Segunda República Española. Nunca ha llegado a saberse la cantidad de víctimas, pero los civiles que murieron fueron muchos. El 70% de los edificios de la ciudad fue totalmente destruido por el incendio que siguió al bombardeo y que no se pudo apagar hasta el día siguiente.

CULTURA

2 | Soluciones:

1. La Alhambra (Granada); 2. El Hemisfèric (Valencia); 3. Las Torres Kio (Madrid); 4. La Catedral de Santiago de Compostela.

3 | Ejemplo de posible realización:
   a) Barcelona está caracterizada por ser un enclave estratégico desde tiempos remotos y por haberse formado entre dos barreras naturales: el Montjuïc y el Mediterráneo.
   b) La arquitectura de Gaudí es vanguardista e innovadora. Entre sus rasgos más llamativos destaca la atención a la geometría, el volumen y la naturaleza.

4 | Soluciones:
1. La Casa Batlló; 2. La Sagrada Familia; 3. El Parque Güell.

Transcripción:
Entre todos los arquitectos del momento, Antonio Gaudí desarrolla a través del Modernismo un mundo propio que suscita la admiración de todos. Aunque también hay obra suya en otras poblaciones, su nombre hace seña de identidad con Barcelona.

El Parque Güell estaba destinado a ser zona residencial, pero terminó siendo un curioso parque. Moldeado a medias por la naturaleza y la imaginación gaudiniana, es uno de los lugares preferidos por los turistas.

La iglesia de la Sagrada Familia es uno de los iconos más sobresalientes de Barcelona. Proyecto inconcluso, financiado con cuestaciones públicas desde su origen, fue para Gaudí su obra principal, hasta el punto de que terminaba aplicando a este proyecto novedades arquitectónicas que desarrollaba en otros. En la Sagrada Familia trabajó prácticamente toda su vida. Con mucha perspicacia, legó un paramento vertical: la Fachada del Nacimiento. Una fachada de 88 metros de altitud que comprometía a generaciones futuras a terminarla. De hecho, así está siendo. Cada época ha dado su impronta. La fachada oeste es obra del escultor Subirats. Manteniendo las líneas básicas, incorporó elementos reconocibles del arte de finales del siglo XX.

La estructura simula huesos y máscaras y huye de las líneas rectas. En la Casa Batlló Gaudí muestra una armonía perfecta entre exterior e interior. Adentrarse en el interior de la Casa Batlló es sentir el aliento de la imaginación convertido en vivienda. Nada se deja al azar, todo ha sido pensado hasta el detalle. Los desvanes que comunican con la terraza sugieren un juego de luces propio de un monasterio a pequeña escala. Las chimeneas son seres imponentes, casi orgánicos, a punto de saltar sobre los tejados y asomarse al vacío.

5 | **Ejemplo de posible realización:**

El Parque Güell iba a ser una zona residencial, pero se convirtió en un interesante parque. Se trata de uno de los lugares preferidos por los turistas debido a la explosión de imaginación y naturaleza que transmite.

La Sagrada Familia es uno de los puntos de referencia de la ciudad de Barcelona. Fue la obra principal de Gaudí, aunque no pudo terminarla en vida. Uno de sus logros fue la Fachada del Nacimiento, de 88 metros de altitud. Su legado ha sido continuado por otros artistas como Subirats.

La Casa Batlló presenta una arquitectura que simula huesos y máscaras, que huye de las líneas rectas y en la que existe una armonía perfecta entre exterior e interior. El interior transmite la idea de que se ha pensado hasta en el más mínimo detalle. En los desvanes, que comunican con la terraza, se produce un juego de luces que nos transporta a un monasterio a escala y las chimeneas nos hacen pensar en seres orgánicos que se asoman al vacío.

UNIDAD 12 ¿SALIMOS?

PROYECTO

Explotación didáctica:
Para introducir el tema del proyecto, sería interesante hacer una puesta en común de forma oral de los rasgos de la juventud en los países de origen de los alumnos, comparándolos con la situación de España. Así, los estudiantes tendrían las ideas más claras a la hora de redactar su informe. El profesor puede proporcionar una muestra de un estudio sociológico para que sirva también de ejemplo.

COMPRENSIÓN LECTORA

1 | **Soluciones:**
Otakus: son seguidores de la cultura popular japonesa.
Emos: están centrados en la introspección y los sentimientos.
Mods: imitan la estética de la cultura británica de los años 50.
Góticos: les apasiona lo oscuro y el terror.

2 | **Soluciones:**
(1) catalogado; (2) definición; (3) identidad; (4) jóvenes; (5) juvenil.

3 | **Ejemplo de posible realización:**
1º estética determinada; 2º lenguaje propio; 3º lugar de encuentro; 4º música con la que identificarse. También es importante una ideología, aunque influye en el resto de rasgos distintivos más que ser uno propio.

4 | **Soluciones:**
a) F; b) F; c) V; d) F

Tarea:
Además de la web sugerida en esta tarea, es posible encontrar otras muchas que tratan problemas de la juventud de zonas específicas del mundo. Algunas páginas útiles pueden ser: www.tribusurbanas.net y www.telefonica.net/web2/elcodigo/tribus/index.htm.

COMPRENSIÓN AUDITIVA

2 | **Ejemplo de posible realización:**
Algunos grafiteros famosos son Cope 2 (de Nueva York; su nombre real es Fernando Carlo) y Frank Shepard Fairey (conocido como Obey), también estadounidense. Algunos de los grafitis más conocidos son los realizados con objetivos decorativos en las paredes de los edificios de la Ciudad Antigua (Den Gamle By) de Aarhus (Dinamarca), el mural gigante del botón de encendido/apagado de Katowice (Polonia), o *El Gigante de Boston* (en esa misma ciudad estadounidense).

3 | **Soluciones:**
a) (1); b) (2); c) (3); d) (3); e) (1); f) (2).

Transcripción:
PRESENTADOR: Los grafitis, ¿son vandalismo o arte? Depende de a quién le preguntemos y, seguramente, de quién haya hecho la pintada. El grafitero más famoso del mundo es Banksy. Es también el más cotizado y el que más ha dado que hablar por sus irónicas y mordaces pinturas, que critican sin reparos al sistema. Pero nadie fuera de su círculo de amigos sabe con certeza su nombre verdadero ni cómo es realmente o dónde vive. Se sabe que nació en Bristol, donde está considerado un verdadero héroe local. Sus dibujos callejeros son fotografiados por los turistas como una atracción más de la ciudad, se venden postales con sus trabajos, libros y camisetas. Hoy tenemos con nosotros a unos jóvenes investigadores de sociología que nos van a hablar de la figura de este singular personaje. Están con nosotros Antonio García...
ANTONIO: Hola.
PRESENTADOR: ...y María Bedia.
MARÍA: Hola, buenas.
PRESENTADOR: Decidme, ¿es verdad que en Inglaterra han tenido que enseñar a la gente de la limpieza cómo es el arte de Banksy?
MARÍA: Pues sí. Mira, es tal la adoración que despiertan sus obras que a los empleados de la limpieza de los trenes de Bristol les entregaron una guía de arte grafitero para que aprendieran a identificar sus pintadas.
ANTONIO: Es curioso, ¿no? Mientras una parte de la sociedad, y eso incluye a las fuerzas policiales, le considera un vándalo, otra admira su arte.
PRESENTADOR: Según tengo entendido, en una subasta londinense se ha llegado a pagar más de 300.000 euros por uno de sus murales. ¿Es así?

unidad 12

ANTONIO: Sí. Pero es que es un artista de fama mundial. Piensa que ha llenado el muro de Gaza con sus pinturas, se han colgado obras suyas en los museos más grandes del mundo, ha hecho exposiciones multitudinarias en Los Ángeles y hasta ha vendido cuadros a muchos famosos.

PRESENTADOR: Y, sin embargo, nadie sabe cómo es él en realidad.

MARÍA: Bueno, las únicas referencias que se tienen de este grafitero es que es rubio, alto, viste ropa estilo hip-hop y que debe tener alrededor de 35 años. Sabemos que desde muy joven formó parte de la activa cultura de la pintura callejera de Bristol, quizá una de las más creativas de todo el Reino Unido.

PRESENTADOR: Vosotros habéis presentado en un reciente congreso, aquí en la Universidad, un estudio sobre su influencia en los grupos urbanos europeos, sobre todo entre otros grafiteros. ¿Cuál ha sido la razón por la que se ha convertido en un icono?

MARÍA: Es difícil de explicar. No es solo su arte, sino también la técnica, cómo revolucionó la manera de pintar grafitis. Comenzó empleando la técnica del *spray* aplicado directamente a la pared, pero una mala experiencia una noche le hizo cambiar de estilo.

PRESENTADOR: ¿Una mala experiencia?

MARÍA: Tuvo un encontronazo con la policía.

ANTONIO: Sí, él mismo lo explica en su libro *Wall and Piece*. Al huir de la policía cuando pintaba un vagón de tren, se tuvo que refugiar debajo de un camión de la basura. Ahí vio cómo las letras del motor estaban pintadas con una plantilla. Desde esa noche, Banksy hace plantillas con cartones que luego rocía con el *spray* sobre la pared, una técnica mucho más rápida e impactante que la anterior.

PRESENTADOR: Una de las imágenes más famosas son sus ratas burlonas por las calles. ¿Podéis explicar un poco en qué consisten esas pinturas?

ANTONIO: Las primeras pintadas que se conocen de Banksy son esas ratas que decías... burlonas, ¿no? Aparecían grabando a los transeúntes con cámaras, rompiendo los candados de puertas, que son de verdad, con tenazas dibujadas y que, claro, son imaginarias... Siempre integradas en el paisaje urbano para reírse de él y criticar lo establecido. Al principio, la policía borraba estas expresiones artísticas, como hacía con otros grafitis, pero su fama pronto empezó a crecer y sus obras se fueron respetando cada vez más, incluso por las autoridades.

PRESENTADOR: Anónimo, artista callejero... ¿está Banksy en el sistema?

MARÍA: Sí y no. En el 2000 organizó su primera exposición, en un restaurante-barco. Los que por aquel entonces compraron obras suyas por 100 libras, ahora las revenden por 30.000. Más tarde se mudó a Londres, ciudad que también llenó de grafitis, y recorrió ciudades como Los Ángeles, San Francisco o Barcelona. No quiere estar en el sistema, o eso parece, pero el sistema se nutre de él.

ANTONIO: Un ejemplo de que escapa del sistema es que incluso los que más han estudiado su figura no han llegado a conocerlo y por eso dicen que es un antisistema, pero eso no impide que viva de su arte, creo yo. En cualquier caso, creo que fue Steve Wright, el mayor experto en el mundo en la obra de Banksy, quien lo definió como "un genuino elemento antisistema".

PRESENTADOR: ¿En qué sentido?

ANTONIO: Bueno, él conoció a su círculo de amigos en Bristol y, como decía antes, no llegó a verlo jamás. No pudo hablar con él. Y Banksy es un artista que pinta en la calle para que su arte crítico esté abierto a todo el público. Si me permites citar a Banksy, él dijo una cosa que me gusta mucho: "a los que gobiernan las ciudades no les gustan los grafitis porque piensan que nada debe existir a menos que dé un beneficio".

MARÍA: Lo importante es que, hasta ahora, no ha perdido frescura ni capacidad crítica. Sus plantillas siguen cargadas de críticas ácidas y con mensajes políticamente subversivos, como el de un policía cacheando a una niña, un tigre que escapa de su cárcel-código de barras o la Mona Lisa sonriendo con una bazuca. Incluso ha llegado a poner una escultura a escala humana de un preso de Guantánamo en medio de Disneyland.

PRESENTADOR: Si alguien quiere conocer la obra de Banksy, pero no puede ir a pasear por las calles de Bristol o Londres, ¿qué puede hacer?

MARÍA: Además de visitar las webs que hay sobre él, lo cierto es que Banksy mismo ha autopublicado varios libros con fotografías de su obra.

PRESENTADOR: Probablemente, Banksy sea el principal exponente del arte callejero actual, por su capacidad para crear un discurso crítico, su interacción con la ciudad y por seguir conservando el anonimato. Antonio, María, gracias por ayudarnos a comprender su importancia en el panorama artístico actual.

ANTONIO: Gracias a ti.

MARÍA: Gracias.

4 | Ejemplo de posible realización:
Banksy es rubio, alto, viste ropa estilo hip-hop y debe tener alrededor de 35 años.

5 | Ejemplo de posible realización:
Se repartió una guía artística al personal de limpieza para que aprendiera a identificar sus pintadas y no las eliminase.

6 | Ejemplo de posible realización:
Esa afirmación significa que Banksy es un provocador que critica la política de su país, pero lo hace a través del arte, no de forma violenta, sino exponiendo a toda la ciudadanía sus críticas. Steve Wright señala esa exposición pública de la crítica como principal argumentación para calificarlo como antisistema.

FORMAS Y RECURSOS LINGÜÍSTICOS

1 | Ejemplo de posible realización:
   a) Es la historia de un grupo de ancianos que se escapa de un geriátrico y se instala como okupa en una sucursal bancaria y de las situaciones y problemas en las que se ven envueltos.
   b) Porque hace referencia al movimiento okupa, movimiento que intenta transgredir lo establecido por la sociedad en distintos planos.
   c) [Opinión personal].

2 | Soluciones:
   c).

3 | Ejemplo de posible realización:
   a) 2) Carlos llegó tarde al trabajo, así que fue reprendido y, finalmente, despedido.
   b) 1) La primera competición de hip hop ha sido todo un éxito, por eso se repetirá el año próximo.
   c) 7) Andrés copió de internet el trabajo de Historia y el profesor se dio cuenta, de ahí que tuviera que hacerlo de nuevo.
   d) 4) Marta hizo un grafiti en el muro, por eso la policía le puso una multa.
   e) 3) Las temperaturas bajaron inesperadamente en el mes de septiembre, por (lo) tanto el turismo de fin de temporada estival se resintió.
   f) 6) El cantante se quedó afónico justo el día antes de su actuación en Madrid, de manera que suspendieron el concierto.
   g) 5) La primera edición del libro *Cultura urbana* se agotó en su primer día de ventas, en consecuencia, los editores decidieron comercializarlo por internet.

4 | Soluciones:
   a) tan aburrida, tantas personas; b) tanto; c) tan original; d) tan convincentemente; e) tan bien; f) tanto/tantas veces; g) tanto calor.

5 | Soluciones:
a) 6) he dicho; b) 4) deje; c) 1) tengo; d) 7) reconsiderara; e) 2) va a comprar; f) 5) dio; g) 3) tenga.

6 |

> **Transcripción:**
> LOCUTOR: El botellón es una práctica bastante extendida entre los jóvenes españoles. Pero, ¿es aceptado por todos los sectores de la sociedad? Para comprobarlo, hoy vamos a entrevistar a tres personas que representan a distintas capas de población. Con sus testimonios intentaremos comprender en toda su extensión este fenómeno social.
> El primero de nuestros entrevistados se llama Jorge, tiene 18 años y acude frecuentemente a los botellones del fin de semana. Escuchamos su opinión:
> JORGE: En el botellón nos reunimos todos los amigos. Es, por decirlo de alguna manera, el encuentro social de la semana. Es verdad que los jóvenes bebemos alcohol cuando hacemos botellón, pero no consumimos mayores cantidades por beber en la calle. Si fuésemos a un bar, compraríamos la misma cantidad, pero nos gastaríamos mucho más dinero. ¡Dinero que no tenemos!
> LOCUTOR: Paco Rodríguez, jubilado y afectado por este tipo de reuniones entre gente joven, nos ofrece un punto de vista totalmente distinto.
> PACO RODRÍGUEZ: Yo no entiendo que las autoridades permitan los botellones. Lo único que se hace es beber, ensuciar la calle, estropear el mobiliario urbano y molestar a los vecinos. Yo creo que los jóvenes tienen muchos lugares para divertirse. No tienen por qué beber en la calle.
> LOCUTOR: Por último, preguntamos a Rosana, una treintañera que, aunque recuerda haberse reunido con sus amigos para beber, reconoce que esta práctica presenta sus inconvenientes.
> ROSANA: Al botellón yo le veo sus cosas buenas y sus cosas malas. Por un lado, es muy del carácter español el reunirse con los amigos y conocidos y charlar mientras nos tomamos algo y qué mejor sitio para hacerlo que la calle, sobre todo en verano. Tengo que reconocer que, cuando era más joven, prefería mil veces más quedar para hacer botellón que ir de bares. Pero, por otro lado, el botellón tiene sus peligros. El principal para mí es el descontrol de muchos jóvenes, que no miden lo que beben y se transforman en gente conflictiva.

unidad 12

7 | Ejemplo de posible realización:
- Los jóvenes tienden a beber cantidades considerables de alcohol todos los fines de semana, en consecuencia, pueden llegar a convertir esta práctica en un hábito diario.
- La ingesta de alcohol influye en el comportamiento de las personas, por eso, alguien ebrio puede descontrolarse y hacer cosas que no haría en un estado normal.

EXPRESIÓN E INTERACCIÓN ORALES

3 | Ejemplo de posible realización:
a) [Opinión personal].
b) Generación *baby boom*: generación de personas nacidas después de la Segunda Guerra Mundial, en la época de explosión demográfica.
Generación X: personas nacidas entre los 70 y los 80, cuya generación se ha caracterizado por ser rebelde pero conformista.
Generación Y: generación de los nacidos entre los 80 y los 90, crecidos en la época del consumismo y del bienestar económico.
Otros términos: generación perdida (finales del siglo XIX), generación Z (principios del siglo XXI).
c) [Opinión personal].

EXPRESIÓN E INTERACCIÓN ESCRITAS

1 | Ejemplo de posible realización:
a) ¡Ay!: suspiro para expresar dolor o pena.
¡Kikirikiiiii!: sonido producido por el gallo.
Ejem, ejem: carraspeo para llamar la atención.
¡Achís!: estornudo.
¡Uf!: suspiro.
¡Mua!: beso.
Glu, glu, glu: sonido producido por alguien bebiendo.
¡Pumba!: sonido producido por algo o alguien cayéndose.
Bla, bla, bla: alguien charlando o hablando mucho.
¡Brrrum!: ruido de un motor.
b)
Parte 1.
a) 2; b) 5; c) 4; d) 1; e) 3.
Parte 2.
b); a); e); d); c).

6 | Ejemplo de posible realización:
El orejas: mote para una persona con orejas grandes u orejas de soplillo.
El gafotas: mote para una persona que lleva gafas.
El soplagaitas: (*soplar + gaita*) mote para una persona tonta o estúpida.
La monoceja: (*mono + ceja*) mote para una persona que posee unas cejas muy grandes y juntas.
La carapán: (*cara + pan*) mote para una persona con una cara redonda y rellenita.

Explotación didáctica:
Es muy importante hacer hincapié en **Cultura** para que los alumnos aprendan no solo la estructura morfológica de los motes, sino también su forma y contextos de uso en España.

CULTURA

3 | Soluciones:
a) Mesón; b) Pub; c) Cafetería; d) Discoteca; e) Restaurante; f) Marisquería; g) Bar; h) Asador.

4 | Explotación didáctica:
En caso de que los alumnos no tuvieran la oportunidad de preguntar a un español, el profesor debería ser el encargado de desmentir los tópicos o de matizarlos, según el caso.

5 | Explotación didáctica:
Si a los estudiantes no se les ocurrieran tópicos referentes a otras culturas, el profesor podría plantear los siguientes: "Los alemanes son cuadriculados"; "Los italianos hablan muy rápido"; "Los suizos son puntuales"; "Los estadounidenses comen muchas hamburguesas".

Canción Atrapados en la red/Autores: José Ignacio Campillo Reino, Naomi Ruiz de la Prada © Calao Songs, S.L./ El Trapecio Editorial, S.L.
Autorizado por peermusic España, S.A.U